Amelunxen
Vom Anwalt zum König

Vom Anwalt zum König

Joseph Bonaparte – Napoleons älterer Bruder

Von Clemens Amelunxen

Carl Heymanns Verlag · Köln · Berlin · Bonn · München

CIP-Kurztitelaufnahme der Deutschen Bibliothek

Amelunxen, Clemens:
Vom Anwalt zum König: Joseph Bonaparte – Napoleons älterer Bruder / Von Clemens Amelunxen. – Köln ; Berlin ; Bonn ; München : Heymann, 1987.
ISBN 3-452-20987-3

ISBN 3-452-20987-3

Gedruckt von E. Rieder, Schrobenhausen

Inhalt

Einstimmung

Die Tatsache, daß alle »Geschwister Bonaparte« vor der Geschichte im Schatten des großen Napoleon stehen, gilt für den Erstgeborenen dieser korsischen Familie in besonderem Maß. Sie galt schon zu seinen Lebzeiten und war nicht nur gerade für ihn mit persönlicher Bitterkeit verbunden – ist es doch für den Ältesten einer Geschwisterreihe niemals angenehm, wenn ein Jüngerer den Lorbeer pflückt, den er selbst ernten möchte. Die Schattenexistenz des Joseph Bonaparte ist aber auch sachlich nicht gerechtfertigt, denn nach Anlagen, Ausbildung und Fähigkeiten hätte dieser Mann einen bedeutenderen historischen Platz einnehmen können.

Obwohl Carlo und Letizia Bonaparte ihre sämtlichen acht Kinder (außer dem Nesthäkchen Jerome) mit ordentlicher Sorgfalt erzogen, war Joseph doch der einzige Sohn mit abgeschlossener akademischer Bildung – promovierter Jurist wie der Vater, gleich jenem auch Rechtsanwalt, Richter, Abgeordneter und Diplomat. Er bewährte sich als kluger Unterhändler bei den vier großen Friedensschlüssen der Französischen Republik zu Anfang des 19. Jahrhunderts. Danach hat er zwei Kronen getragen. Er war, von des jüngeren Bruders Gnaden, in Neapel der beste König, den Süditalien seit dem Mittelalter kannte, und er hätte einer der bedeutendsten Monarchen werden können, der jemals Spanien regierte – wäre ihm nur erlaubt gewesen, seine eigenen staatspolitischen Vorstellungen gegen Napoleon zu verwirklichen.

So aber ist er, mit Napoleon, nicht zuletzt am Patriotismus eines stolzen Volkes gescheitert. Seine Mißerfolge als Feldherr waren nur logisch, denn das Militärwesen entsprach weder seinen Gaben noch seiner Neigung; es wurde ihm aufgezwungen wie manches andere. Ansonsten hat ihm das Schicksal das Wesentliche versagt, was er im Leben erstrebte: wenn er schon nicht, wozu die Tradition ihn bestimmte, Familienoberhaupt der Bonapartes werden durfte, so wollte er doch der Zweite im Empire seines Bruders sein; und konnte das nicht gelingen, so hoffte er wenigstens dessen Nachfolger zu werden.

Keines von beiden Zielen hat Joseph erreicht. Freilich wurde ihm dafür schon in der Lebensmitte etwas beschieden, was damals wie heute von vielen als vorzugswürdig betrachtet wird: das beschauliche Exil eines privatisierenden Landedelmannes in den Vereinigten Staaten von Amerika. Erst seine letzten unpolitischen Jahre durfte er in der alten Familienheimat, der Toskana, verbringen – wo mit seinem Tode, mangels männlicher Nachkommen, seine Namenslinie erloschen ist.

Es mag reizvoll sein, der Tragik im Lebenslauf des Joseph Bonaparte nachzuspüren – eines kultivierten Mannes, der von der Natur reich ausgestattet, mit Intelligenz und hohen Geistesgaben versehen, in fast allem das Spiegelbild seines Vaters war – eines Mannes aber auch, der sich oft selbst im Wege stand, dem die Durchsetzungskraft, der fanatische Erfolgswille des Bruders Napoleon fehlte – dieses »Roi malgré lui«, wie ein französischer Biograph, Girod de l'Ain, ihn unübersetzbar nennt – enfin, das Porträt eines verhinderten Staatsmanns zu entwickeln. Es ist nahezu sicher, daß Joseph ohne den Bruder Napoleon seine Laufbahn »vom Anwalt zum König« nicht zurückgelegt hätte, also niemals vom korsischen Advokaten zum Träger zweier Kronen aufgestiegen wäre. Aber fast ebenso sicher ist dies: hätte Napoleon in entscheidenden Augenblicken den Ratschlag des Bruders Joseph befolgt, so würde er kapitale Fehler vermieden haben, deren Auswirkungen ihn endlich nach St. Helena führten. Auch dieser Gesichtspunkt einer (wenngleich spekulativen) Geschichtsbetrachtung sollte hervorzuheben sein.

I. Eine Jugend in Korsika

Herkunft aus altem Geschlecht

Die Familie Buonaparte, die noch lange nach Josephs Geburt das italienische »u« im Namen führte, stammte aus der Toskana. Ihre männlichen Mitglieder waren im Hochmittelalter Ratsherren, Schöffen und Kriegshauptleute im Dienst der festländischen Kleinfürsten und Stadtrepubliken gewesen. Im chronischen Zwist zwischen Kaiser und Papst spielten sie eigenwillige Rollen. Sie hatten zunächst in Florenz und Siena, dann auch in Genua und Mailand die staatlichen Geschicke ihrer Heimat mitgeprägt. Einer von ihnen, »Francesco der Mohr«, mußte im 16. Jahrhundert aus dem ligurischen Ort Sarzana flüchten und kam als Asylant nach Ajaccio auf Korsika.

Dort, auf der viertgrößten Insel des Mittelmeers, setzte das Geschlecht seinen Aufstieg fort, gelangte zu bescheidenem Wohlstand und bald auch hier zu politischem Einfluß. Korsika war seit dem 13. Jahrhundert genuesische Kolonie, aber seine freiheitsdurstigen Menchen hatten sich der Fremdherrschaft nie gänzlich unterworfen. Immer wieder flackerte Rebellion gegen die ungeliebte Kaufmanns-Republik auf. Die Bonapartes – Kleinbauern und Winzer ebenso wie Advokaten und Dorfbürgermeister – hatten zunächst aus historischer Anhänglichkeit auf der Seite Genuas gestanden, schlossen sich dann aber der Unabhängigkeitsbewegung ihrer neuen Heimat an.

Von Vater und Mutter

Einer, der dies mit besonderer Entschiedenheit tat, war Josephs Vater Carlo. Er hatte an der italienischen Universität Pisa die Rechte studiert und sich dann in den Dienst des Generals Pasquale Paoli gestellt, der im Jahr 1755 Präsident der korsischen Guerilla-Regierung geworden war. Carlo Bonaparte erwies sich schon in sehr frühen Jahren als vielseitig verwendbar. Er wurde Paolis persönlicher Sekretär und Rechtsberater, entwarf die Verfassung einer freien Republik Korsika und wurde auch mehrfach mit diplomatischen Aufträgen ins Ausland entsandt.

1764 heiratete Carlo die damals knapp 15jährige Letizia Ramolino, deren Familie ebenfalls vom italienischen Festland eingewandert war. Das junge Paar fand vorerst wenig Zeit zu beschaulichem Eheleben und zur Pflege der landwirtschaftlichen Besitzungen, die sie mit der Hochzeit zusammengefügt hatten. Carlo pendelte ruhelos zwischen der Küstenstadt Ajaccio, wo diese Kleingüter lagen, und dem trutzigen Bergnest Corte, wo die Paoli-Regierung ihren Sitz hatte, hin und her. Er bewohnte dort, im geographischen Zentrum der Insel, mit seiner Frau ein großes gelbes Haus gegenüber der Pfarrkirche »Mariä Verkündigung«, das heute noch steht und besichtigt werden kann; es war den Eheleuten von einem Onkel Letizias, Tommaso di Casanova, mietfrei zur Verfügung gestellt worden.

Nichts Geringes ist ein Name

In diesem Haus kam Joseph am 7. Januar 1768 zur Welt. Seine Sonderstellung in der Familie war damit bereits in der Wiege begründet. Er war, nach zwei Fehlgeburten Letizias, das erste Kind der Familie Bonaparte, das am Leben blieb, und er war auch das einzige, das nicht in Ajaccio und noch nicht (wie dann schon Napoleon) als französischer Untertan geboren wurde.

In der Taufe erhielt er die vom Ortspfarrer Francesco Gaffori registrierten Namen »Josephus Nabolion« – eine Kombination in skurriler Latinisierung; der erste Name war nach dem Großvater Giuseppe gegeben worden, der seltsame zweite aber, der in der Familie schon seit Jahrhunderten vorkam, nach einem Großonkel »Nabulione«. Joseph hat diesen Namen also nicht, wie man bisweilen meinte, nachträglich von seinem Bruder Napoleon übernommen, sondern führte ihn (wie übrigens auch noch der jüngste Bruder Jerome) als Zweitnamen aus eigenem Recht. Und als er später König von Neapel wurde, mußte der große Bruder ihn einmal selbst daran erinnern, indem er ihn brieflich rüffelte: »Es ist nicht angebracht, daß Sie Ihre Dekrete als ›Bonaparte‹ signieren. Sie haben zu unterschreiben als ›Joseph Napoleon‹!« Dieser Standpunkt war ebenso imperial wie familiär.

Der Rufname des Kindes auf Korsika war freilich »Giuseppe«. Wenn man dem Sternzeichen des Steinbocks, unter dem es geboren wurde, etwa folgende Eigenschaften zuschreibt: intellektuelle Begabung, Verständnis für Wirtschaft und Finanzen, elegante Liebenswürdigkeit, aber auch Hang zum Träumen, Suche nach sicherer Geborgenheit und nach Anlehnung an eine Führungsperson – dann sind ihm diese Merkmale mit einiger Konzentration in die Wiege gelegt worden.

Im August 1768 verkaufte die Republik Genua ihre widerspenstige Inselkolonie an König Louis XV. von Frankreich, für zwei Millionen Livres, nach heutiger Kaufkraft etwas mehr als sechs Millionen Mark. Die korsischen Patrioten fühlten sich vom Regen unter die Traufe versetzt und rüsteten zum Verteidigungskrieg gegen die französischen Eindringlinge. In diesem Verzweiflungskampf spielte Vater Carlo als Milizhauptmann eine führende Rolle. Sein letztes Gefecht lieferte er im Frühjahr 1769 an den Hängen des zweithöchsten Berges der Insel, des Monte Rotondo. Seine Frau Letizia begleitete ihn dorthin, und der kleine Joseph auf ihrem Arm, dick in Wolltücher verpackt, teilte das eiskalte Höhlenquartier der Eltern.

Überzeugt von der Aussichtslosigkeit weiteren Widerstands, ergab sich Carlo Bonaparte den französischen Truppen und trat in den Dienst des »neuen Vaterlands«. Gleich nach der Kapitulation zog er mit Letizia und Joseph in das alte Stammhaus seiner Familie in Ajaccios Via Malerba, wo wenige Monate später, im August 1769, Napoleon geboren wurde, und wo auch Joseph seine weitere Kindheit und Jugend verbrachte.

Der Vater machte im nunmehr französischen Korsika rasch Karriere als Rechtsanwalt, Richter und Politiker. Er erreichte die offizielle Anerkennung des Kleinadels-Titels »de Buonaparte«, kümmerte sich nachhaltig um seinen Acker- und Weinbau und sorgte für anständige Etablierung seiner Familie. Das graue Gebäude in der »Straße vom Unkraut« wurde um- und ausgebaut. Ein Salon, eine Terrasse sowie – ganz ungewöhnlich in damaliger Zeit – eine umfangreiche Bibliothek und ein Badezimmer wurden eingerichtet. Ein kleines Ferienhaus vor den Toren der Stadt, die Villa Milelli, kam durch Erbschaft hinzu.

Joseph und Napoleon waren die ersten Bonaparte-Kinder, denen diese Annehmlichkeiten und Anregungen zugute kamen, und die bilderbuchschöne Landschaft, in die Ajaccio eingebettet ist, war die Kulisse für Spiele und Vergnügungen ihrer Jugendzeit.

Die ungleichen Brüder

Das Verhältnis zwischen beiden Brüdern prägte sich früh und blieb im Prinzip lebenslänglich erhalten. Beide hatten zueinander eine engere und stärkere gefühlsmäßige Bindung als zu den übrigen Brüdern und Schwestern – bestand zwischen ihnen doch nur ein Altersunterschied von anderthalb Jahren, während das dritte Kind Lucien erst im Abstand von sechs Jahren auf Napoleon folgte. Die interne »Hackordnung« wurde freilich ebenso rasch festgelegt. Beim zeitlosen Spiel »Räuber und Gendarm« kommandierte der energische, ungebärdige Napoleon stets die Räuber, während Joseph die Polizei anführen durfte; selbstverständlich war auch, daß die Räuber stets gewannen und Napoleon den älteren Bruder verprügelte. Und als ein wohlmeinender Lehrer beim historischen Kampfspiel »Rom und Karthago« in der Schulklasse den Joseph zum römischen und den Napoleon zum karthagischen Feldherrn bestimmen wollte, ruhte Napoleon nicht, bis die Rollen gewechselt wurden – war doch jedermann klar, daß die Römer den Krieg gewinnen mußten, und das durfte nach Überzeugung des Jüngeren nicht unter Josephs Führung geschehen...

Neid und Eifersucht des ewigen Verlierers waren so seit

Kindertagen programmiert. Aber dennoch – das zeigt eben die Ambivalenz dieser vielschichtigen Bruderbeziehung – hat Joseph dem Jüngeren immer Freundschaft und Ergebenheit bis zum Tode bewahrt.

Ganz im Gegensatz zu Napoleon war Joseph ein sanftmütiger, freundlicher, stiller Jüngling, der rasch auffaßte, brav lernte und fast alles tat, was man ihm auftrug – freilich nicht viel mehr als dies, aber das war schon einiges. Von den Bildungsmöglichkeiten, die Vater Carlos große Privatbücherei bot, hat Joseph zweifellos mehr profitiert als Napoleon. Er sprach und schrieb ein weit besseres und eleganteres Französisch wie auch Italienisch als jener, war später gar selbst literarisch tätig, hat anakreontische Verse geschmiedet und politische Schriften verfaßt.

Dem Joseph fehlte aber der Funke des Genius. Seine Sache war es nicht, im raschen Zugriff die geistige Welt zu erobern, Erkenntnisse gleichsam nachtwandlerisch zu gewinnen und einmal erfaßte Ziele rücksichtslos zu verfolgen. Seine Stärke war das vernünftig-bedächtige Durchdringen der Probleme, aber das Abwägen von Risiken stand bei ihm eher im Vordergrund als das Ergreifen einer Chance, woran ihn Zögerlichkeit und mangelnde Entschlußkraft oft hinderten. So waren beide Brüder im Grunde doch mehr verschieden, als sie einander, auch äußerlich, ähnelten.

Erste Berufspläne

Die Eltern wollten, in der ihnen eigenen nüchternen Urteilsfähigkeit, diesen Unterschiedlichkeiten Rechnung tragen. In den Standesfamilien jener Epoche war es üblich, daß der erstgeborene Sohn »des Königs Rock« anzog, also

Offizier wurde, während der zweite sich dem geistlichen Stand widmete. Letzteres bedeutete keineswegs weltliche Entsagung, auch nicht unbedingt Hingabe an die Religion oder auch nur an die Theologie; man zog eben »Gottes Rock« an und wurde Kirchenmann, möglichst Kirchenfürst, so wie der Erstgeborene in das Heer oder in die Marine eintrat, um dort militärische Karriere zu machen.

Diesen herkömmlichen Brauch stellten Carlo und Letizia auf den Kopf. Sie bestimmten den zweitgeborenen Napoleon, seinem eigenen früh geäußerten Wunsch entsprechend, für die militärische Laufbahn, während Joseph sich am Seminar von Autun, unter Förderung des mit der Familie befreundeten Bischofs, auf ein geistliches Amt vorbereiten sollte.

Napoleon hatte bereits in einem Brief an seinen Onkel Nicolo Paravicini den Rollentausch ebenso scharfsichtig wie altklug kommentiert: »Joseph ist für das Militär ungeeignet. Seine schwache Gesundheit und die Empfindsamkeit seines Charakters machen ihn unfähig zum Infanterie- oder Pionierdienst. Auch die Artillerie und die Kriegsflotte kommen für ihn nicht in Betracht, weil er nichts von Mathematik versteht. Hingegen befähigt ihn seine ganze Erziehung vorzüglich zum Kleriker. Der Herr Bischof von Autun wird ihm eine gute Pfründe verschaffen, und ich habe keinen Zweifel, daß er – welcher Vorteil für die Familie! – in absehbarer Zeit selbst Bischof werden kann...«

Es sollte anders kommen. Aber zunächst einmal lieferte Vater Carlo persönlich seine beiden ältesten Söhne an den für sie bestimmten Bildungsanstalten in Frankreich ab – und konnte hoffen, daß sie dort ihren Weg machen würden, zumal er staatliche Stipendien für sie durchgesetzt hatte.

II. Jurist nach Vaters Vorbild

Nicht Geistlicher, nicht Soldat

Es war typisch für Joseph, daß er sechs Jahre lang, von 1779 bis 1785, zwischen seinen Berufszielen schwankte. Zunächst kam er in Autun in den »Humaniora« und in der Philosophie gut voran, wurde Klassen-Primus und gewann mehrere Schulpreise, ohne sich besonders anstrengen zu müssen. Aber bald merkte er, daß er zum Priestertum, selbst in dessen zeitgenössisch-liberalistischer Fasson, nicht berufen war. Wenn er nun die Absicht äußerte, doch lieber Offizier werden zu wollen, dann beruhte das wohl nicht auf plötzlich entdeckter Neigung, sondern auf seinem Nachahmungstrieb. Stand doch der jüngere Napoleon schon vor der Beförderung zum Leutnant, und da wollte der Joseph es ihm gleichtun: »Was er kann, das kann ich auch!«

Der gutmütige Vater Carlo, obwohl selbst keineswegs ein religiöser Mensch, zeigte sich nur ungern bereit, den Wunsch seines Ältesten zu erfüllen. Er verschaffte Joseph zwar vorsorglich eine Freistelle an der Militärschule von Metz, machte aber zur Bedingung, daß der Sohn sich den jähen Entschluß noch ein halbes Jahr überlegte; in der Zwischenzeit wollte er ihn auf Korsika in die landwirtschaftliche Verwaltung einführen und auf die Pflichten eines künftigen Familienoberhaupts vorbereiten. So geschah es auch. Joseph war nicht begeistert, aber er fügte sich.

Carlo Bonaparte scheint geahnt zu haben, daß ihm kein

längeres Leben mehr beschieden war. Wir wissen nicht, ob sein persönlicher Einfluß so stark war, daß er den ältesten Sohn bestimmen konnte, sich andere Pläne aus dem Kopf zu schlagen und die väterliche Nachfolge im Beruflichen wie im Privaten anzutreten. Wie auch immer – Joseph versprach dem Vater an dessen Sterbebett, wo er 1785 in Montpellier als einziger der Familie stand, sich nicht nur verantwortlich um die Mutter und die jüngeren Geschwister zu kümmern, sondern auch die Tradition der Bonapartes mit einem Jurastudium fortzusetzen.

Studium in Pisa

Joseph bewies wieder perfekten Gehorsam. Kaum hatte er die komplizierten Angelegenheiten der Erbschaft geregelt und den Familienunterhalt sichergestellt, da bezog er nach väterlichem Vorbild die Universität Pisa, im Alter von 17 Jahren. Und wie einst Carlo gelang es ihm, bei Empfängen und Audienzen die Bekanntschaft wichtiger Persönlichkeiten zu machen, die ihm förderlich sein konnten. So begegnete er dem Kardinal-Erzbischof von Florenz, dem er die Aufnahme in den prestigeträchtigen »Orden des Heiligen Stephanus« verdankte, und sogar dem Großherzog der Toskana, der ihm erneut den Familien-Adel bestätigte.

Aber er hatte auch schon die Nase im politischen Wind. Unter dem Einfluß des Rechtsprofessors Lampredi wurde er, vier Jahre vor Ausbruch der französischen Revolution, ein glühender Anhänger der Volksherrschaft, ein Republikaner. Das hätte sein Vater gewiß ungern gesehen. Auch verfaßte er, in durchsichtiger Anonymität, eine Flugschrift, die ihn in revolutionären Kreisen bekannt machte. In den Semesterferien trug er seine Ideen in die korsische Heimat.

Im April 1788 wurde Joseph zum Doktor »in utroque jure« promoviert. Damit war er, unmittelbar nach seinem Vater, der fünfzehnte Bonaparte mit dem pisanischen Titel eines »dottorato forestiere«, der akademischen Würde für ausländische Kandidaten.

Anwalt in Ajaccio

Er kehrte nach Korsika zurück, wurde am Obergericht von Bastia als französischer Advokat eingeschworen und übernahm die Rechtsanwaltspraxis des Vaters in Ajaccio. Sie war an sich gut eingeführt, hatte aber unter Carlos häufiger Ortsabwesenheit, insbesondere seinen zahlreichen Frankreich-Reisen, doch etwas gelitten. Zudem bestand große berufliche Konkurrenz, weil die Advokatur überbesetzt war. In dem kleinen Ajaccio, das damals nur 4000 Einwohner zählte, gab es zwanzig Rechtsanwälte, einen pro zweihundert Köpfe der Bevölkerung...

Joseph startete seine juristische Karriere mit einem Paukenschlag. Als Strafverteidiger erzielte er für einen des Mordes angeklagten Korsen einen Freispruch erster Klasse wegen erwiesener Notwehr – was damals noch weit seltener vorkam als heute. Der Prozeß verschaffte ihm nicht nur berufliches Ansehen. »Von da an«, schrieb er später mit berechtigtem Stolz in seinen Memoiren, »wurde ich ununterbrochen durch Volkswahlen mit öffentlichen Ämtern betraut«.

Seine weiteren Stationen ähnelten frappierend der Laufbahn des Vaters: er wurde in den Stadtrat von Ajaccio gewählt, auch in die Consulta, das korsische Regionalparlament, sowie in die Adels-Abteilung der Ständevertretung. Dann wurde er Richter und stellvertretender Bürgermeister (»maire adjoint«) seiner Heimatstadt. Er übertrumpfte den Vater sogar durch seine Ernennung zum Distriktspräsidenten von Ajaccio (vergleichbar mit einem späteren französischen Unterpräfekten oder deutschen Landrat).

Mit aller beschränkten Energie, deren er fähig war, bemühte er sich auch, als Erstgeborener nach des Vaters Tod, um die Stellung als Familienoberhaupt – so unterzeichnete er sämtliche Briefe an die jüngeren Geschwister nicht etwa als »Dein Bruder Joseph«, sondern als: »Ihr älterer Bruder Joseph Bonaparte«. Selbst Napoleon, damals gerade erst Artilleriehauptmann, fand zu jener Zeit daran nichts auszusetzen...

Revolutionäre Wirren

1789 war auf dem französischen Festland die große Revolution ausgebrochen, und auch in Korsika begann ein staatsbürgerliches Drunter und Drüber. Der Freiheitskämpfer Paoli kehrte aus dem Londoner Exil heim und versuchte, mit Hilfe der Engländer Korsika wieder von Frankreich zu lösen. Joseph bewies immerhin politische Konsequenz: nachdem die Idee der »Volksherrschaft« im Mutterland verwirklicht schien, sah er keinen Anlaß mehr für eine Unabhängigkeit der Insel – wenn eben diese Revolution auch im französischen Korsika durchgesetzt werden könnte. Also wählte er jetzt die Seite Frankreichs, womit er zwar wieder auf die frühere politische Linie des Vaters einschwenkte, sich aber gleichzeitig als vermeintlicher Renegat die tödliche Feindschaft der Paolisten einhandelte.

Die verworrenen, solcherart wohl nur in und für Korsika erklärbaren Zwistigkeiten schleppten sich fort, bis 1793 in Paris der König geköpft wurde und die Engländer auf Korsika landeten. Da schlugen die Paolisten zu. Sie plünderten und demolierten Josephs schönes Vaterhaus in Ajaccio. Die Familie Bonaparte wurde ihrer sämtlichen Güter beraubt und mußte fluchtartig die Insel verlassen.

Während Mutter Letizia sich mit den Töchtern in Marseille mühsam als Schneiderin und Wäscherin durchbrachte, fuhr Joseph stracks nach Paris. Obwohl er nun mit 25 Jahren ohne Geld, ohne Amt und fast ohne berufliche Aussicht auf der Straße stand, verzagte er nicht. In einem Brief schrieb er damals: »Man muß die Dinge mit dem Gleichmut und der Kaltblütigkeit eines Philosophen sehen. Wir haben auf Korsika Zusammenbrüche erlebt, die mit der französischen Revolution gar nicht zu vergleichen sind«. Solche verblüffenden, für Joseph aber charakteristischen Gedanken hätte Napoleon niemals geäußert...

In der französischen Hauptstadt bot Joseph der Revolutionsregierung seine Dienste an. Er suchte und fand Anschluß an einflußreiche Korsen, die Abgeordneten Saliceti und Casabianca, alte Freunde seines Vaters. Und es gelang ihm, durch elegant-liebenswürdiges Auftreten, natürlich auch unter Hinweis auf seine Verfolgung durch die »Feinde des Vaterlands«, 600000,– Francs als Unterstützung für politisch verfolgte korsische Emigranten lockerzumachen – wovon auch seine eigene Familie einen kräftigen Anteil bekam.

Mehr noch: Joseph erhielt den Rang eines »Kriegskommissars Erster Klasse« (nach unserem Verständnis etwa ein Oberfeldintendant der Heeresverwaltung) und begleitete in dieser mit 6000,– Francs besoldeten Funktion das französische Korps, das an die Mittelmeerküste geschickt wurde, um die Stadt Toulon von den Engländern zu befreien.

Es ist bis heute rätselhaft geblieben, wie Joseph bei der Belagerung Toulons plötzlich den militärischen Dienstgrad eines »Capitain« also eines Hauptmanns, dann sogar den eines »Chef de Bataillon«, eines Majors, erreichen oder sich doch so bezeichnen konnte. Urkunden über diese Ernennungen sind nicht aufgetaucht, und im Feuer hat Joseph auch niemals gestanden – allerdings soll er sich versehentlich an einer Kartusche den Zeigefinger geritzt haben, welches Ereignis er später selbst als »Verwundung im Kampf« deklarieren ließ. Im übrigen war er zwar einmal ein »Commandant« der korsischen Nationalgarde gewesen, aber diese paramilitärische Räuberzivil-Einheit existierte gar nicht mehr, weil sie zu den Engländern übergelaufen war...

Immerhin ist zu bedenken, daß Bruder Napoleon damals schon als Brigadegeneral demselben Armeekorps angehörte; da konnte er der Fortune wohl ein wenig nachhelfen. Er hat später, als er den Joseph noch zum Obristen beförderte, allen Ernstes diese Sprossen der militärischen Leiter zitiert, um den neuen Dienstgrad zu rechtfertigen – den höchsten in Josephs kriegerischer Laufbahn, in der er ansonsten wenig geleistet hat – das war, im Sinne des Wortes, ein Nebenkriegsschauplatz seines bewegten Lebens.

Seine privaten, immer noch wenig gesicherten Verhältnisse hingegen wurden in Ordnung gebracht, als er 1794 in Marseille den reichen Tuchhändler Francois Clary und dessen beide Töchter kennenlernte. Die Verbindung war auf beruflicher Ebene zustandegekommen, weil Joseph als Heeres-Intendant bei Clary Uniformstoffe für die Soldaten günstig einkaufen konnte. Getreu dem korsischen Grundsatz, daß man von zwei Schwestern möglichst die ältere heiraten soll (weil sie nicht verwöhnt ist, auch schon ein wenig Erfahrung in Haushalt und Erziehung mitbringt), hielt Joseph um die Hand Julie Clarys an und bekam sie auch; die jüngere Schwester Désirée hat später den napoleonischen Marschall Bernadotte geheiratet und dann an seiner Seite den schwedischen Königsthron bestiegen.

Julie war ein dickes, unansehnliches Mädchen mit plumper Statur, kurzem Kopf und kränklich-gelber Gesichtsfarbe, aber sie hatte ein ebenso gutes Herz wie einen scharfen Verstand, war ihrem Mann treu ergeben und hat ihn stets klug beraten. Das Wichtigste war freilich, daß sie eine riesige Mitgift von 150000,– Francs in die Ehe einbrachte, die Joseph von wirtschaftlichen Sorgen befreite und ihm die Möglichkeit gab, auch die Familie zu unterstützen – insbesondere den Bruder Napoleon, der bei der Regierung in Ungnade gefallen war und mit halbem Sold auf der Cannebière spazierengehen mußte. Die Allianz mit den Clarys war für einen Mann aus korsischem Adel (und gar für einen künftigen König) nicht gerade standesgemäß – einer der Trauzeugen war ein gewisser »Joseph Roux, Perückenmacher« – aber das große Geld rechtfertigte manches, und so ist Napoleons entzückter Ausruf verständlich: »Dieser Joseph ist ein Glückspilz!«

Napoleons Dank blieb nicht aus, als das politische Blatt nach Robespierres Sturz sich wendete und ihm der Oberbefehl über die Italien-Armee zufiel. Joseph hat ihn bei seinen Schlachten nicht begleitet, aber er war es, der – als hätte er daran Anteil gehabt – die Nachricht von den glorreichen Siegen bei Montenotte und Arcole, bei Rivoli und Lodi mitsamt eroberten österreichischen Fahnen und Kanonen dem Direktorium in Paris überbringen durfte. Man überschüttete ihn mit Lob, ehrte ihn stellvertretend für den weiterhin kriegführenden Bruder und bot ihm einen hohen diplomatischen Posten an.

Wie es seinem eigentlichen Naturell entsprach, war Joseph damals noch bescheiden und strebte ein ruhiges Amt als französischer Konsul in einer italienischen Hafenstadt an. Aber Napoleon hatte Größeres mit ihm vor, und auch bei Joseph kam der Appetit mit dem Essen. Das Direktorium ernannte ihn 1796 zum Gesandten beim Herzogtum Parma. Dieses Amt trat er gar nicht erst an, denn schon wenige Monate später wurde er französischer Botschafter in Rom – wiederum eine Stellung, die schon sein Vater unter der korsischen Paoli-Regierung erfolgreich bekleidet hatte, indem er beim Papst die Anerkennung der Unabhängigkeit Korsikas erreichte.

Wenn es die Absicht des Direktoriums war, daß der neue Botschafter beim Heiligen Stuhl den heimlich gewünschten Volksaufstand gegen die päpstliche Herrschaft fördern sollte, so tat Joseph das genaue Gegenteil. Er verzichtete auf jeglichen Kontakt mit heimlichen Revoluzzern und Republikanern. Stattdessen bezauberte er Papst Pius VI. mit seinem Charme und versicherte ihn seiner Treue zum Vater der Christenheit. Dabei verschwieg er diskret, daß er in Marseille der Freimaurer-Loge »Vollkommene Aufrichtigkeit« beigetreten war, und auch seinen revolutionären Spitznamen »Scaevola« ließ er von jetzt an unter den Tisch fallen.

Umso nachdrücklicher konnte er auf seine kirchliche Trauung verweisen, die zur Revolutionszeit streng verboten, also ein christlicher Mutbeweis gewesen war... Er knüpfte freundschaftliche Beziehungen zu den maßgeblichen Kardinälen und zum römischen Adel, besuchte auch ostentativ sechsspännig die Kirchen der Heiligen Stadt. So schuf er alle Voraussetzungen dafür, daß er wenige Jahre später der Kurie als französischer Unterhändler beim Konkordat höchst willkommen war.

Es lag keineswegs in Josephs Wunsch und Verantwortung, daß Ende 1797 dann doch französische Truppen in den Kirchenstaat einmarschierten, der Papst nach Savona deportiert und in Rom die Republik ausgerufen wurde. Bei seiner Rückkehr nach Paris schlug Joseph die ihm angetragene Botschaft im preußischen Berlin aus. Das war zwar ein ebenso wichtiger wie reizvoller Posten. Aber es schien ihm jetzt nicht zweckmäßig, sich erneut so weit von Frankreich zu entfernen, denn hier bereiteten sich große Dinge vor, an denen er in plötzlich erwachtem Ehrgeiz teilhaben wollte.

Etablierung in Paris

Inzwischen hatte Frankreich die Insel Korsika wieder fest in die Hand bekommen und die Engländer auch dort zum Rückzug gezwungen. Joseph bewirkte kraft seiner Beziehungen die Instandsetzung des Vaterhauses in Ajaccio und hatte auch die Genugtuung, die Familiengüter wieder in

Besitz nehmen zu können. Seine korsische Rechtsanwaltspraxis hat er freilich nicht mehr fortgeführt. Aber seine politische Hausmacht, die er in seinen vielfältigen provinziellen Ämtern erworben hatte, war ihm – trotz seiner Vertreibung vor vier Jahren – offenbar erhalten geblieben, und auf sie griff er mit großem Geschick zurück.

Es gelang ihm, die Insel in zwei Wahlbezirke teilen zu lassen; es waren die Vorläufer der beiden korsischen Departements, die heute noch bestehen. Im südlichen Stimmkreis Liamone, wo die Bonapartes seit jeher beliebt und einflußreich waren, wurde Joseph dann plangemäß mit großer Mehrheit in den »Rat der Fünfhundert«, das damalige französische Zentralparlament, gewählt.

Die vom Vater ererbte rhetorisch-advokatorische Begabung konnte Joseph als Abgeordneter zu Paris entfalten und entwickeln. Während Napoleon in Ägypten seinen aussichtslosen Sitzkrieg führte, kümmerte er sich zudem um die Verwaltung des ihm anvertrauten Familienvermögens, das (hart am Rande der Legalität) durch die italienische Kriegsbeute unermeßlich gewachsen war. Der Bruder war damit sehr einverstanden; da er mit Geld und Gut kaum umzugehen wußte, hierzu auch wenig Neigung verspürte, so hatte er an Joseph geschrieben: »Ich lege Dir in allem meine Interessen ans Herz!« Er fand auch später nie Anlaß, sich in diesem Punkt über den Älteren zu beklagen – ebensowenig wie die anderen Geschwister. Joseph wußte, daß Geld sich so still und so rasch vermehren muß, wie das Gras wächst, und nach diesem Grundsatz hat er diskret-erfolgreich gehandelt.

Auch seine eigene Etablierung vergaß er nicht. Er kaufte ein geräumiges Stadthaus in der Pariser Faubourg St. Honoré, wo er glanzvolle Empfänge für Parlamentskollegen und ausländische Diplomaten, für Bankiers und Lobbyisten gab. Dann erwarb er für 236 000,– Francs das schöne Landgut Mortefontaine im Wald von Ermenonville – ein Schlößchen im Stil Louis' XIII. mit Park und Baumschule, mit Bach und Fischteichen, zwei Mühlen und drei bäuerlichen »Fermes«, insgesamt ein Anwesen von fast 300 Hektar Bodenfläche, 40 Kilometer nordöstlich von Paris beim Dorfe Survilliers gelegen.

Dorthin zog er sich oft nach des Tages Arbeit und an den Wochenenden mit Julie zurück. Er hat in Mortefontaine auch seine Novelle »Moina«, ein etwas holpriges Epos im Stil des schottischen Barden Ossian, vollendet – und mit sanftem Zureden zwei Ehen eingefädelt: die Verbindung seiner Schwägerin Désirée mit dem General Bernadotte und die Heirat seiner Schwester Caroline mit dem General Murat; da konnte er sich, zumal beide Schwäger bald zu Marschällen aufstiegen, noch einmal so recht als »Familienoberhaupt« fühlen, bis der große Bruder aus dem Orient heimkehrte.

Aber in Mortefontaine war nicht nur bukolische Idylle. Denn dort, in der verträumten Einsamkeit vor den Toren der Hauptstadt, schmiedeten dann die drei Brüder Napoleon, Joseph und Lucien mitsamt Schwager Murat (ohne die Armee wäre es nicht zu schaffen gewesen) die Pläne zum Sturz des Direktoriums, der sich am 18. Brumaire, dem 9. November 1799 vollzog und Napoleon als Ersten Konsul an die Spitze des Staates führte. Joseph hatte diesen Putsch durch unermüdliche Beeinflussung des »Rats der Fünfhundert« wie auch durch werbende Aktionen, die man heute »public relations« nennen würde, wohlvorbereitet, und nach dem gelungenen Handstreich bemühte er sich um dessen Rechtfertigung in der öffentlichen Meinung.

Die Belohnung, die er dafür erhielt, muß eher gering erscheinen. Er wurde weder Zweiter noch Dritter Konsul nächst Napoleon – das wurden die Citoyens Cambacérès und Lebrun. Er bekam nicht einmal ein Ministeramt, obwohl er als gelernter Jurist das Innenministerium angestrebt hatte und dafür auch gewiß vorzüglich geeignet gewesen wäre. Aber hier stand ihm Bruder Lucien im Wege, der als Präsident des »Rats der Fünfhundert« den Staatsstreich noch wirksamer gefördert hatte als der Abgeordnete Joseph und ihm nun auch im Anspruch auf Beförderung voranging. Napoleon entschloß sich, Lucien als Innenminister zu berufen. Den Joseph fand er ab mit einem Sitz im Staatsrat – in dem es einiges zu debattieren, aber nichts zu entscheiden gab.

Da stand Joseph nun zu Beginn der napoleonischen Ära – gut verheiratet und perfekt installiert, reich und angesehen, aber doch nur scheinbar ein »Glückspilz«; in Wahrheit und zum ersten Mal das, was er später noch oft gewesen ist: ein verhinderter Staatsmann.

Aber dennoch! Er hatte kaum Zeit, sich darüber zu ärgern, denn in den beiden folgenden Jahren mußte er – rechtskundiger Diplomat, der er war – auf Geheiß Napoleons als Delegationsführer vier bedeutende Verträge mit auswärtigen Mächten schließen. Da hat er seine juristische Befähigung ins hellste Licht setzen können. Was er bei diesen Verhandlungen für Frankreich und auch für Europa geleistet hat, das ist heute noch der historischen Anerkennung wert, zumal die Geschichte ohne jene Verträge wohl ganz anders verlaufen wäre.

III. Der Friedensstifter

Die Konvention von Paris

Dem »neuen Frankreich« unter Napoleon mußte ein Ausgleich, ja eine dauerhafte Freundschaft mit den Vereinigten Staaten von Amerika am Herzen liegen. Nach dem Grundsatz: »Der Feind meines Feindes ist mein Freund« galt es, sich bei den vorhersehbaren Auseinandersetzungen mit England den Rücken freizuhalten. Frankreich besaß Kolonien in der Neuen Welt – vor allem das große Territorium Louisiana mit der Haupt- und Hafenstadt New Orleans an der Mississippi-Mündung – die in einem Krieg mit England kaum zu halten waren.

Andererseits waren die Vereinigten Staaten an einer Einverleibung Louisianas in hohem Maß interessiert. Nach dem Tod des ersten USA-Präsidenten George Washington hatte der gerade zum Ersten Konsul aufgestiegene Napoleon für Frankreich Staatstrauer angeordnet. Das war in Amerika positiv vermerkt worden; ohnehin brachte man den Franzosen seit ihrer Revolution als »Schwesterrepublik« einige Sympathie entgegen, weil sie sich ja nun ebenfalls zu den Menschenrechten und Grundfreiheiten bekannten. Aber dennoch schrieb Washingtons Nachfolger, Präsident Thomas Jefferson, an seinen Gesandten Livingston in Paris: ,,Auf dem Erdball gibt es einen einzigen Punkt, dessen Besitzer unser natürlicher Gegner ist. Das ist New Orleans. Es ist unmöglich, daß die Vereinigten Staaten und Frankreich Freunde werden, wenn sie sich in einer so gefährlichen Lage begegnen«.

Napoleon beauftragte Joseph, die Dinge großzügig zu regeln, und gab ihm nahezu unbegrenzte Vollmachten. Am 30. September 1800 schloß Joseph in Mortefontaine mit dem amerikanischen Gesandten die »Konvention von Paris«. Er kam dem Vertragspartner nicht nur einen Schritt, sondern eine ganze Meile entgegen: während die USA schon mit New Orleans und der Mississippi-Mündung zufrieden gewesen wären, stellte Frankreich den Verzicht auf seine sämtlichen Kolonien im Interessengebiet der USA in Aussicht. Ganz Louisiana wurde den Vereinigten Staaten unter sehr moderaten Bedingungen zum Kauf angeboten und ging zwei Jahre später für 17 Millionen Dollar in ihr Eigentum über.

Beide Seiten waren zufrieden. Die USA konnten sich bis zum Golf von Mexiko ausdehnen, und Frankreich hatte sich ihre diplomatische und wirtschaftliche Unterstützung gegen England gesichert. Joseph hatte mit Scharfsicht erkannt, daß die freiwillige Preisgabe eines Vorteils, der ohnehin nicht von Dauer sein kann, mehr Nutzen einbringt als seine hartnäckig-sinnlose Verteidigung.

Der Vertragsabschluß wurde mit einem großen Gartenfest für »tout le monde« in Mortefontaine gefeiert – alle drei Konsuln, sämtliche Minister und viele prominente Amerikaner waren erschienen und ließen den Joseph hochleben.

Der Vertrag von Lunéville

Im kalten Dezember 1800 reiste Joseph in das lothringische Städtchen Lunéville und schloß dort den gleichnamigen Friedensvertrag mit Österreich, der Frankreich die territorialen Errungenschaften der Revolution bis zum linken Rheinufer sicherte und seine Stellung in Holland, in der Schweiz und in Italien stärkte. Das – nicht nur für die damalige Zeit – atemberaubende Ergebnis dieses Vertrages, das die Landkarte Europas so veränderte, wie sie seit den Nachfolgern Karls des Großen nicht mehr umgestaltet worden war, verdient nähere Betrachtung.

Das Abkommen programmierte das Ende des »Heiligen Römischen Reiches deutscher Nation«, in dessen Namen der österreichische Kaiser als Reichsoberhaupt ebenfalls handelte. Die linksrheinischen Reichsfürsten, die ihre Territorien verloren, mußten rechtsrheinisch entschädigt werden, was allein schon einer Selbstzerstörung des Reiches gleichkam. Das Haus Österreich, seit Jahrhunderten Protektor des »corpus germanicum«, war aus Deutschland wie auch aus Italien herausgedrängt. Es verlor seine eigenen Besitzungen am Oberrhein, in Belgien und Luxemburg und mußte die französische Schutzherrschaft über die Batavische, die Helvetische, die Ligurische und die Zisalpinische Republik anerkennen – napoleonische Marionetten-Staaten, die ihrerseits nur kurzen Bestand hatten. Mit Venedig und Triest behielt Österreich gerade noch, auch dies bald vorübergehend, einen schmalen Zugang zum Adria-Meer.

Frankreich aber hatte erreicht, was weder Louis XIV. noch Richelieu oder Robespierre in ihren kühnsten Träumen ahnen konnten. Es bekam seine »natürliche Grenze« am Rhein und klopfte an die Tore Rumpf-Deutschlands: der Rheinbund unter französischem Protektorat zeichnete sich bereits ab. Es erhielt Belgien als Festungs-Glacis gegen England und Sprungbrett über den Kanal. Mit einem Fuß stand es in den Niederlanden, in der Eidgenossenschaft und in Genua – und gar mit beiden Beinen schon in Piemont und in der Lombardei, in Oberitalien.

Es ist bis heute nicht völlig geklärt, weshalb Österreich sich zu jenem frühen Zeitpunkt auf einen solchen Vernichtungs-Frieden einließ. Es war damals noch keineswegs so schwach wie einige Jahre später nach erneuertem Krieg. Gewiß, Napoleon hatte bei Marengo und Hohenlinden gesiegt, er hatte Feldmarschälle vom Format eines Wurmser und eines Alvinzi bezwungen, aber Österreich hatte noch eine durchaus intakte Armee und vor allem ein Bündnis mit dem mächtigen England, das vor Abschluß dieses Separatfriedens gar nicht konsultiert worden war.

Jedoch, die Geschichte folgt nicht immer logischen Wegen. Der Schwache bedarf oft nur eines leichten Stoßes, um endgültig zu fallen. Österreich war kriegsmüde und politisch verängstigt. Sein Kaiser hatte zudem einen so liebenswürdigen wie schreckhaften Unterhändler, den Grafen Cobenzl, der schon bei den Waffenstillstands-Verhandlungen von Leoben und Campo Formio vor den gezielten Wutausbrüchen Napoleons zurückgewichen war. Dieser Mann war es, dem Joseph Bonaparte als französischer Delegationsführer gegenübertrat.

Beide Herren gaben einander an feinen Manieren nichts nach, luden sich allabendlich wechselweise zum Diner ein und schlossen sogar persönliche Freundschaft. Aber Joseph hatte, bei all seinem Phlegma oder gerade deshalb, die besseren Nerven. Die spartanische Unterbringung in Lunéville (das alte lothringische Herzogspalais war unbewohnbar) und den drängenden Erfolgszwang überstand er dauerhafter als sein empfindsamer Gegenspieler. So konnte er schmeicheln und auftrumpfen, allfällige Drohungen kavaliersmäßig verpacken, diesmal auch einen Schritt rückwärts, aber dann doch drei Schritte vorwärts gehen – und damit den bald erschöpften Cobenzl demoralisieren. Für jenen blieb als einziger geheimer Trost die

Erwägung, daß England dem Frieden ja nicht zugestimmt hatte und damit vielleicht auch für Österreich nur ein Provisorium geschaffen werden müßte...

Das Ergebnis jedenfalls, das Joseph in Lunéville erzielte, spricht für sich selbst und auch für ihn. Nach zwei Monaten zäher Verhandlungen besiegelten er und Cobenzl den Vertrag, am 9. Februar 1801. Wenige Wochen später saßen bereits französische Präfekten in den neuen belgischen und rheinischen Departements und auch in Luxemburg, das nun »Département des Forêts« hieß.

Das Konkordat

Joseph vollendete nun im Auftrag des Bruders ein Werk, das in seinem Vaterland auch formell mehr als hundert Jahre Bestand hatte – die Wiederherstellung der freien Religionsausübung und der kirchlichen Hierarchie durch das Konkordat mit dem Heiligen Stuhl.

Die katholische Kirche in Frankreich befand sich seit Ausbruch der Revolution in einem betrüblichen Zustand – genauer gesagt, sie glich eher einem Leichnam. Seit mehr als zehn Jahren schwiegen die Glocken, soweit sie überhaupt noch in den Kirchtürmen hingen. Sie hatten auch nichts mehr anzukündigen. Viele Priester waren, wie das jakobinische Lied es empfahl, »an die Laterne« gehängt worden. Die Messe wurde nicht gefeiert, die Beichte nicht gehört und die Predigt nicht gehalten. Diözesen und Pfarreien waren verwaist. Fast die Hälfte der Geistlichen hatte 1790 den Eid auf die revolutionäre »Zivilverfassung des Klerus« verweigert und lebte im Untergrund. Neuntausend von ihnen waren von der Regierung, auch noch unter dem vergleichsweise liberalen Direktorium, verhaftet und deportiert worden. Nur wenige hatten sich dem skurrilen Kult der »Göttin Vernunft« zur Verfügung gestellt. Die größere Hälfte des Klerus und auch mehrere Bischöfe (darunter Napoleons Stiefonkel Joseph Fesch) hatte den Eid geleistet, aber deren verstümmelte Gottesdienste, von der Polizei überwacht und von Rom untersagt, besuchte kaum ein Gläubiger. Ganze Provinzen lagen unter päpstlichem Interdikt.

Zur »Versöhnung aller Franzosen«, die der Erste Konsul anstrebte, gehörte unabdingbar das Arrangement mit dem Papst, um so die Kirchen wieder zu öffnen und die religiöse Spaltung zu überwinden. Die ersten Verhandlungsrunden, in denen sich Napoleon von Staatsrat Cretet und der neue Papst Pius VII. von Titularerzbischof Spina vertreten ließen, endeten im Sande; beide Seiten, unselbständig und zu eng an Direktiven gebunden, bewegten sich keinen Zentimeter aufeinander zu.

Dann erging die Vollmacht Napoleons an den Bruder Joseph und die des Papstes an den Kardinal Consalvi. Beide Männer wurden die Architekten des staatskirchlichen Jahrhundertwerks (das erstmals der Korrektur bedurfte, als Frankreich ein nichtkatholisches Staatsoberhaupt bekam).

Ercole Kardinal Consalvi, damals 43 Jahre alt – somit zehn Jahre älter als Joseph, aber als Eminenz doch jung – war von anderem Kaliber als der österreichische Verhandlungspartner Cobenzl. Er gehörte zu jener kleinen, heute historischen Gruppe von Kardinaldiakonen, die (wie Gaspare Contarini, Jules Mazarin und, noch im 20. Jahrhundert, Merry del Val) niemals die höheren Weihen empfingen, also nicht Bischöfe und nicht einmal Priester waren, sondern freiwillig Diakone blieben. Unbelastet von geistlichen Pflichten, konnten sie sich ganz der kirchenstaatlichen Verwaltung oder der vatikanischen Diplomatie widmen. So hatte es auch Consalvi zum Kardinalstaatssekretär, zum päpstlichen Außenminister, gebracht. Hinter dem formvollendeten Auftreten eines Weltmanns verbarg sich bei ihm tiefe Frömmigkeit, stählerne politische Härte und bedingungslose Treue zum Heiligen Vater, dessen Geschöpf er war wie jeder Kardinal.

Joseph und Consalvi hatten es miteinander nicht leicht, zumal Napoleon mehrfach persönlich ihre Zwischenergebnisse über den Haufen warf, sich mit neuen Forderungen einmischte, den Kardinal anbrüllte und dem Bruder feige Nachgiebigkeit vorwarf – dies alles sogar öffentlich bei Empfängen und Gesellschaften. Cosalvi berichtete nach Rom, man habe verhandelt »usque ad divisionem corporis et animae«, bis zur Trennung von Leib und Seele, dem körperlichen Erschöpfungstod. Der Papst antwortete: »Gehen Sie bis an die Pforten der Hölle, aber nicht weiter...«

Die »Pforten der Hölle« waren für die Kirche, daß nicht etwa nur die Revolutions-Priester, die den Eid geleistet hatten, ihre Ämter verlieren sollten, sondern daß auch die romtreu gebliebenen Eidverweigerer nicht mehr in ihre Diözesen und Pfarreien zurückkehren durften. Anstelle einer Belohnung für ihre Standhaftigkeit wurden sie zum Amtsverzicht aufgefordert und notfalls dazu gezwungen. Napoleon wollte einen vollkommenen Neubeginn in der Hierarchie, und dem konnte der Papst nur schwersten Herzens zustimmen – ebenso wie der Klausel, daß der Gottesdienst »allen polizeilichen, im Interesse der öffentlichen Ordnung nötigen« Bestimmungen entsprechen müsse, und der weiteren Einschränkung, daß der römisch-apostolische Glaube nicht als Staatsreligion, sondern nur als »Bekenntnis der großen Mehrheit der französischen Bürger« anerkannt und geschützt wurde.

Ansonsten konnte der Heilige Stuhl mit den Vertragsbestimmungen zufrieden sein. Zwar würde der Erste Konsul die Bischöfe ernennen, aber sie bedurften der päpstlichen Investitur, um ihr Amt ausüben zu können; die Bischöfe waren weitgehend frei in der Auswahl der Pfarrer; der Staat garantierte die freie Ausübung der Religion, gab alle beschlagnahmten Kirchen und viele Kirchengüter zurück und zahlte allen Geistlichen angemessene Gehälter.

Am 15. Juli 1801, nachts um zwei Uhr, setzten Joseph und Consalvi mit ihren Hilfsdelegierten Spina und Cretet, Caselli und Bernier die Unterschriften unter die 17 Artikel des Konkordatstextes. Joseph hatte die Nachricht von der Geburt seiner ersten Tochter Zenaide absichtlich für einige Stunden zurückgehalten, um Consalvis Gratulation just zu diesem Zeitpunkt entgegennehmen zu können – und allen Beteiligten standen, wie der Kardinal selbst in seinen Memoiren berichtet, Tränen der Freude und Rührung in den Augen...

Binnen drei Monaten ergriffen sechzig neuernannte Bischöfe (statt früher neunundachtzig) Besitz von ihren neugegliederten Diözesen, die Kirchen wurden geöffnet, die bislang stummen Glocken läuteten über ganz Frankreich, und das erste Tedeum mit der neuen Fürbitte »Domine, salvam fac Rempublicam« wurde in Notre Dame zu Paris zelebriert. Keine andere Friedenstat Napoleons trug ihm so begeisterte Anerkennung in der Öffentlichkeit ein wie diese – aber es war wieder der Bruder Joseph, der den »Teufel im Detail« (diesmal wohl im ganz wörtlichen Sinn) besiegt hatte.

Der Vertrag von Amiens

Der Friedensvertrag von Amiens, den Joseph wenige Monate später, am 25. März 1802, mit England schloß, war in besonderem Maß sein eigenes geistiges Werk, brachte Frankreich auch auf dem Papier (und zwischen den Zeilen) große Vorteile, dauerte in seinen Auswirkungen aber leider erheblich kürzer als die vorangegangenen diplomatischen Aktionen – nur knapp zwei Jahre.

In England hatte man für den Krieg gegen Frankreich nicht mehr viel Begeisterung aufgebracht, seit Österreich mit dem Separatvertrag von Lunéville aus der Koalition gesprungen war. Premierminister Pitt entsandte Lord Cornwallis zum Festland, um mit Joseph als französischem Delegierten ein Ende des kostspieligen Streits auszuhandeln. Joseph konnte weitgehend diktieren, was der Lord, zum Nachgeben verurteilt, akzeptieren mußte: England verzichtete, mit Ausnahme von Ceylon und Trinidad, auf alle kolonialen Eroberungen der letzten Jahre, und es sollte – was allerdings nie geschehen ist – Malta an Frankreich zurückgeben.

Wichtiger noch war das, was nicht ausdrücklich niedergeschrieben wurde. Die territorialen Erwerbungen Frankreichs gemäß dem Frieden von Lunéville wurden von England nicht angefochten und damit wohl stillschweigend anerkannt. Und der englische König gab den von ihm jahrhundertelang auch geführten Titel und Anspruch eines »Königs von Frankreich« erstmals und endgültig auf.

Damit hatte sich England ebenso vom Kontinent zurückgezogen wie Österreich aus Deutschland. »Man mochte«, schreibt Jacques Bainville, »die ganze Geschichte durchgehen, sie wies keinen Frieden auf, der sich mit Amiens vergleichen ließ, mit diesem Triumph der Revolution, der die Macht Frankreichs auf den Gipfel führte«. Theoretisch ist das richtig; in der historischen Rückschau bleibt davon immerhin übrig, daß nun für einige Zeit die Waffen zwischen beiden »Erbfeinden« schwiegen. Allzu wahr ist, daß England die Bedrohung auf seiner Gegenküste – durch ein französisches Belgien – niemals dauerhaft hinnehmen konnte.

»Le Pacificateur«

Wenn Joseph Bonaparte in seinem ganzen Leben nichts anderes geleistet hätte als die geschickte und ehrliche Aushandlung dieser vier Staatsverträge, dann müßte ihm das allein hohen Ruhm eingebracht haben. Aber auch für ihn galt später die resignierte Bemerkung seines Schwagers Bernadotte: »Wie ich die Dinge mit Napoleon sehe, gibt es keinen Ruhm außer mit ihm, unter ihm – und leider auch für ihn allein«.

Die Zeitgenossen sahen es noch anders. Der französische Senat bereitete Joseph triumphale Empfänge, das Volk von Paris spannte ihm die Pferde aus und feierte ihn auf den Straßen mit Fackelzügen. Die journalistische Madame de Stael gab ihm den Beinamen, der bald in aller Munde war: »Le Pacificateur« – der Friedensstifter, und wenn sie, die erbitterte Feindin Napoleons, ihn damit ein wenig gegen den kriegerischen Bruder ausspielen wollte, dann sah Joseph das gewiß nicht ungern. Denn Napoleons erneute Gunstbezeugungen genügten ihm nun nicht mehr.

Die goldene Tabaksdose mit dem Bildnis des Bruders empfand er eher als Verspottung, weil er weder rauchte noch schnupfte. Die Würden eines Senators von Frankreich und eines Großoffiziers der Ehrenlegion waren zwar (mit 120000,– Francs jährlich) ebenso einkommensträchtig wie dekorativ, brachten Joseph seinen Zielen aber keinen Schritt näher. Er war nicht »zweiter Mann« in Frankreich geworden, und das wurde er auch nicht, als Napoleon sich 1804 die Kaiserkrone aufsetzte.

Ebensowenig konnte er durchsetzen, daß der neue Monarch ihn ausdrücklich zu seinem Nachfolger bestimmte. Die Möglichkeit, daß seine männlichen Nachkommen einmal den Thron besteigen könnten, nutzte Joseph nichts, denn Julie hatte ihm bisher nur zwei Mädchen geboren, die für die Krone nicht in Frage kamen, und dabei blieb es auch. Als 1802 die zweite Tochter Charlotte zur Welt kam, schrieb Napoleon dem Bruder mit kaum verhohlener Ironie: »Sagen Sie Madame Joseph meine Glückwünsche; sie bringt so schöne Mädchen auf die Erde, daß man sich darüber trösten kann, wenn sie Ihnen keine Söhne schenkt«. Hinsichtlich der Thronfolge richtete sich des Kaisers Blick auf die Nachkommen des jüngeren Bruders Louis, dessen Ehefrau Hortense zwei Knaben geboren hatte.

Freilich wurde Joseph nun ein »Prince Impérial« und eine »Kaiserliche Hoheit«, aber das waren die übrigen Geschwister, außer dem widerspenstigen Republikaner Lucien, ebenso geworden wie er. Die ihm angebotene Präsidentschaft der Zisalpinischen Republik schlug Joseph ebenso verärgert aus wie die Krone des neugeschaffenen »Königreichs Italien«, das Napoleon dann von seinem Stiefsohn Eugen Beauharnais als Vizekönig verwalten ließ. Beide Posten schienen ihm nicht genügend Unabhängigkeit von seinem Bruder zu versprechen. Vorerst ließ er sich abfinden mit dem seltsamen, eigens für ihn geschaffenen Amt eines »Grand Électeur« (Großwählers), das wiederum mit erheblichen Einkünften, aber mit keinerlei Tätigkeit oder gar Verantwortung verbunden war.

Die Vorliebe für prächtige Kleidung, die schon Vater Carlo auf Korsika den Spitznamen »Buonaparte il Magnifico« eingetragen hatte, war auch bei Joseph ausgeprägt. Als der Frieden von Amiens zerbrach und die Erneuerung des Krieges gegen England bevorstand, tat Napoleon ihm den Gefallen, ihn zum Obristen im 4. Infanterie-Linienregiment zu befördern. Angetan mit seiner neuen schneeweißen Uniform, spazierte er durch das Lager von Boulogne und ließ dort ebenfalls seine Meriten feiern. Aber als er einmal trotz allgemeiner Ausgangssperre das Lager verließ, pfiff Napoleon ihn an: »Auch ein Oberst, der Prinz ist, bleibt im Felde immer nur ein Oberst und hat sich an das Reglement zu halten!«

Da war sie wieder, die verletzende Zurechtweisung durch den jüngeren Bruder – der jedenfalls diesmal sogar im Recht war. Joseph »schluckte seine Spucke herunter«, wie man in der korsischen Heimat sagte, salutierte und hoffte auf günstigeren Wind.

IV. König von Neapel

Vom Prinzen zum Monarchen

Endlich 1805, nach der Schlacht von Austerlitz und dem Frieden von Preßburg, schlug Josephs große Stunde. Als verstümmelter Binnenstaat schien Österreich nun gänzlich am Boden zu liegen, konnte jedenfalls Napoelon auch im gesamten Südeuropa nicht mehr hinderlich sein. Des Kaisers Blick richtete sich von Ober- auf Unteritalien – von dort würde es möglich sein, das Mittelmeer zu beherrschen und das Empire bis zum Orient auszudehnen.

Im Königreich Neapel, auch »Königreich beider Sizilien« genannt, regierte damals eine bourbonisch-habsburgische Linie mehr schlecht als recht. Der Monarch Ferdinand IV., wegen seines überdimensionalen Riechorgans mit dem Spitznamen »Nasone« belegt, war ein ausgemachter Schwachkopf, der mit Mühe lesen und schreiben konnte, mit seinen Hofnarren engeren Umgang pflegte als mit seinen Ministern und jegliche Staatsgeschäfte seiner ehrgeizigen Ehefrau überließ, der österreichischen Erzherzogin Maria Carolina, einer Schwester der unglückseligen Marie Antoinette.

Da diese Dame natürlich auf Österreichs Seite stand – sie hatte sowohl die Werke Voltaires als auch einige Exemplare des neuen französischen »Code civil« öffentlich verbrennen lassen – so war es Napoleon höchst willkommen, die Rechnung zu begleichen. Im Manifest von Schönbrunn vom 25. Dezember 1805 erklärte er bündig: »Die Bourbonen von Neapel haben aufgehört, über diesen Teil

Italiens zu regieren«. Einen Monat später schrieb er an Bruder Joseph: »Ich will auf dem Thron von Neapel einen Prinzen meines Hauses haben – am liebsten Sie, wenn er Ihnen zusagt« – und er fügte, Josephs kokettierender Zurückhaltung eingedenk, barsch hinzu: »... sonst eben einen anderen!«

Diesmal griff Joseph zu. Er beurteilte die Lage nun vollkommen richtig. Noch größere Selbständigkeit war nicht zu erwarten; die neapolitanische Krone war die wertvollste, die Napoleon in jenem historischen Moment zu vergeben hatte; die gestellte Aufgabe erschien reizvoll und entsprach auch, akkurat nach Maß, den Fähigkeiten des Kandidaten.

Freilich mußte sich Joseph (mit dem Interims-Titel eines kaiserlichen »Lieutenant-Général«) seinen Staat erst noch selbst erobern, was ihm aber mit Hilfe des tüchtigen Marschalls Masséna leicht gelang. Der Marsch nach Neapel mit 40000 Soldaten geriet zum militärischen Spaziergang, fast schon zum Triumphzug, zumal der Papst, dem Joseph stets gern zu Diensten, den französischen Truppen freie Passage durch den Kirchenstaat gewährte und auch diskret-moralische Hilfe leistete.

Das bourbonische Königspaar floh bei den ersten Kanonenschüssen über die Meerenge von Messina nach Sizilien, wo es sich mit Hilfe der Engländer bis zum Ende der napoleonischen Ära halten konnte. Joseph trat somit nur die Herrschaft über das süditalienische Festland an, aber das war schon etwas – ein großes, zusammenhängendes, nur von den beiden winzigen päpstlichen Enklaven Benevent und Pontecorvo (später Fürstentümer für Talleyrand und Bernadotte) durchbrochenes Territorium auf ältestem europäischem Kulturboden.

Unter Glockengeläut und Volksjubel zog »Josephus Napoleon« am 15. Februar 1806 in den Palast von Neapel ein. Der Erzbischof Kardinal Ruffo zelebrierte ein Pontifikalamt mit Tedeum in der Kathedrale des heiligen Januarius. Und dort hörte Joseph erstmals die für ihn höchstpersönlich bestimmte Fürbitte: »Domine, salvum fac regem« – was ihn, den einstigen Jakobiner, zu Tränen rührte, obwohl seine formelle Ernennung durch Napoleon erst einige Wochen später eintraf...

Das Gold von Neapel glänzte allerdings noch nicht, denn erst mußte es gehoben und gereinigt werden. Die fünf Millionen Einwohner des Reiches, von denen nur ein Zehntel in der Hauptstadt lebte, waren damals die ärmsten und rückständigsten Menschen Europas. Die meisten von ihnen waren noch schlechter behandelt worden als die russischen Leibeigenen, von deren Status sie sich in ihrer unentrinnbaren Schuldknechtschaft kaum unterschieden. In diesem Land herrschten Mißwirtschaft und Hunger, Aberglaube, feudale Willkür und Korruption. Zwei Drittel des Bodens gehörten 3000 Adligen und 8000 Klerikern. Das verjagte Königspaar hatte die öffentlichen Kassen geplündert; die Staatsschuld war mit 130 Millionen Francs siebenmal höher als die französische. Viele Beamte waren geflohen. Fruchtbare Äcker und Weingärten lagen brach, der Seehandel war fast völlig zum Erliegen gekommen – und in den Wäldern regierten die Räuber.

Die kurze Zeit, die Joseph in Neapel regierte, war wohl die glücklichste Epoche seines Lebens – und auch, wie heute unstreitig ist, die erfolgreichste, weil ihre Spuren lange erhalten blieben. Mit nun 38 Jahren war Joseph reifer und erfahrener als die übrigen Geschwister, von denen

Louis, Jerome und Elisa auch bald ihre Kronen in Holland, Westfalen und der Toskana erhielten. Als Träger eines italienischen Namens, der Landessprache perfekt mächtig, den schönen Künsten zugetan und der Kirche wohlgesonnen, ging der Erstgeborene als gelernter Jurist mit Bedacht und Methode an die dringend nötigen Reformen.

Neues Regiment am Golf

Zunächst umgab der König sich mit Männern seines Vertrauens aus der französischen Heimat. Einen persönlichen Freund, den Staatsrat Roederer, machte er zu seiner »rechten Hand« als Finanzminister. Die Heranziehung dieses erstklassigen Fachmanns erwies sich als ausgezeichnete Wahl. Hier, wie auch später in Spanien, hat sich Napoleon übrigens niemals in die Personalpolitik des Bruders eingemischt, ihm auch in keinem Fall bestimmte Funktionäre aufgedrängt; über Ernennung und Entlassung seiner leitenden Beamten hat Joseph stets selbständig entscheiden können.

Aus dem Kreis der langjährigen Bekannten kamen ebenfalls der Innenminister Miot und, als Polizeiminister, der verläßliche Korse Saliceti. Kriegsminister wurde der französische General Dumas. Zwei Verwandte der Familie Clary und die beiden Roederer-Söhne avancierten zu Staatssekretären.

Für die übrigen staatlichen Posten gewann Joseph prominente Italiener, die er so als zuverlässige Stützen an die neue Herrschaft binden konnte. Zum Außenminister berief er, wohlkalkuliert, den Marchese di Gallo, der bereits dem »König Nasone« als Botschafter in Paris gedient hatte. Minister für kirchliche Angelegenheiten, und damit Inhaber eines besonders neuralgischen Ressorts, wurde der Herzog di Cassano-Serra. Der Marineminister, Herzog di Pignatelli, war freilich nur für eine »Kriegsflotte« zuständig, die – bestehend aus einer Fregatte und einer Korvette – durch die englische Seeblockade im Hafen von Neapel arretiert war und niemals ihren Zweck auf dem hohen Meer erfüllen konnte...

Die höfischen Ehrenstellen, die zwar Ansehen, aber keine wirkliche Macht verschafften, besetzte der kluge Joseph ebenfalls mit Vertretern des hohen einheimischen Adels, um dessen Eitelkeit zu schmeicheln: der Herzog di San Teodoro wurde Oberzeremonienmeister, der Herzog di Colonna Großkämmerer und der Herzog di Campochiaro Minister des Königlichen Hauses.

Reform eines Feudalstaats

Mit dieser insgesamt vorzüglichen Regierungsmannschaft beseitigte Joseph die Feudalgerichtsbarkeit der landsässigen Barone, verwandelte die Güter des Adels in Bauernhöfe und tilgte die enorme Staatsschuld. Er bekämpfte erfolgreich das Räuber-Unwesen in den Gebirgswäldern der Abruzzen, in der Basilikata und in Kalabrien. Viele »Lazzaroni« gaben ihr aussichtslos gewordenes Handwerk auf, stellten sich den Behörden und erhielten meist großzügigen Pardon.

Joseph führte das napoleonische Rechtssystem und den Kataster ein, hob alle privaten Wasserrechte auf, organisierte Volkszählung und Kinder-Impfung, vereinfachte das Steuerwesen und rettete – eine bis heute unvergeßliche

Kulturtat – die Ruinen von Pompeji, die der endgültigen Zerstörung nahe waren.

Auch beschnitt er die Auswüchse des Mönchtums, indem er 200 überzählige, wirtschaftlich nicht lebensfähige Klöster auflieβ; ihre Insassen wurden mit Renten abgefunden und, soweit sie noch nicht in hohem Alter standen, auf die aktive Seelsorge verwiesen – womit das Ansehen des Klerus nur gehoben und auch dem Personalmangel der Bistümer abgeholfen werden konnte. Die Abtei von Monte Cassino hingegen wurde ausgebaut und mit Staatsmitteln gefördert. Der Choralgesang von Kastraten in den Kirchen unterlag nun einem strengen Verbot, womit der damals beliebten Knaben-Verstümmelung ein lukrativer Anreiz entzogen war.

Joseph zog tausende von Arbeitslosen zu öffentlichen Arbeiten, insbesondere zum Straßenbau heran – mit der wohl zeitlos gültigen Parole: »Es ist besser, die Leute für ihre Arbeit zu bezahlen, als sie für ihr Nichtstun doch ernähren zu müssen!« Seit spätrömischer Zeit war er der erste Landesherr in Süditalien, der systematisch alle Provinzen seines Staates bereiste und selbst nach dem Rechten sah; sein Vorgänger Ferdinand hatte die Hauptstadt niemals verlassen. Bei diesen Inspektionsfahrten bewies Joseph unbekümmerte Courage, indem er zunächst jegliches Begleit-Gefolge, wie es einem Herrscher nach damaliger Auffassung zukam, strikt ablehnte. Erst nachdem sein Adjutant Colonel Bruyère von Wegelagerern ermordet worden und er selbst mit knapper Not einem Überfall entkommen war, ließ er sich widerwillig eine kleine militärische Eskorte gefallen.

Die Stadt Neapel selbst gewann neuen Glanz durch Ausbau ihrer Universität und einen regen Kulturbetrieb. Sie wurde ein Anziehungspunkt für Dichter und Schriftsteller, Bildhauer und Schauspieler. Joseph ernannte den Maler Jean-Baptiste Wicar, einen David-Schüler aus Lille, zum Präsidenten der Akademie der Künste. Im Theater ließ er erstmals die großen Dramen von Corneille und Racine aufführen. Als »Philosophen-König«, wie er sich gern nennen ließ, erwarb er Respekt und Ansehen. Dies wuchs noch, als er dem Staat eine Verfassung gab und erstmals ein richtiges Parlament mit immerhin beratenden Funktionen einsetzte.

Amouren und Armeen

Von seinem privaten Lebenswandel ist weniger Erbauliches zu berichten. Joseph war immer ein »homme à femmes«, der mit Eleganz, Delikatesse und witziger Plauderkunst die Frauen nicht weniger zu bestricken wußte als Kirchenfürsten und Minister. Hemmungen hat er sich da niemals auferlegt, und die Zahl seiner Mätressen war Legion. Unter den häufig ausgewechselten Herzdamen seines Lebens traten nur wenige dauerhafte Erscheinungen hervor – in Neapel war es die blutjunge Herzogin di Atri, ebenso verheiratet wie Joseph selbst. Sie hat ihrem Liebhaber zwei illegitime Kinder geboren, darunter einen Sohn Giulio, der freilich den Namens seines Vaters nicht tragen und fortpflanzen konnte. Er starb früh als Junggeselle.

Nicht nur die taktvolle Ehefrau Julie, sondern auch Bruder Napoleon drückte gegenüber diesen Eskapaden beide Augen zu – was menschlich wie auch politisch halbwegs verständlich ist, denn an den Fürstenhöfen der damaligen Zeit ging es ja nicht anders zu. Josephs Verhalten unterschied sich von dem anderer gekrönter Häupter immerhin in einem wesentlichen Punkt. Er hat seinen Mätressen niemals irgendwelchen Einfluß auf die Staatsgeschäfte eingeräumt; wann immer eine von ihnen nach der Macht (oder doch einem Teil davon) greifen wollte, hat er sich immer schnell von ihr zu trennen gewußt.

Joseph verbrachte ohnehin fast seine gesamte Regierungszeit in Neapel als Strohwitwer. Erst im Frühjahr 1808 folgte Julie ihm von Paris aus dorthin nach. Zuvor war sie mit den Töchtern in Mortefontaine geblieben, weil ihr am höfischen Treiben wenig lag. Sie bevorzugte die ländliche Stille, führte aber mit ihrem Mann eine rege Korrespondenz. Joseph hatte sich seinerseits wenig Mühe gegeben, sie nach Neapel kommen zu lassen, und er war in seiner keineswegs zölibatären Lebensart sogar von Bruder Napoleon diskret brieflich bestärkt worden: »Sie müssen in die große Gesellschaft gehen, prächtig hofhalten und nicht allzu ernsthaft leben!«

Das war höchst widersprüchlich, denn ansonsten war das Urteil des Kaisers über Josephs Regierung eher gespalten. Napoleon erkannte seine juristischen, wirtschaftlichen und kulturellen Leistungen in lobenden Briefen an, warf ihm aber auch Gutmütigkeit, Schwäche und Nachgiebigkeit vor – eine Kritik, mit der er seine anderen gekrönten Brüder ebenso bedachte. »Sie sind zu gut, vor allem für das Land, in dem Sie sich befinden!«, hat er Joseph mehrfach angedonnert, und weiter hieß es dann: »In einem neuen Kontinentalkrieg würden Sie sich nicht einen Monat auf dem Thron halten können!«

Als Napoleon erfuhr, daß Joseph der Kathedrale von Neapel kostbare Juwelen geschenkt und an der Zeremonie der »Verflüssigung des Blutes« teilgenommen hatte, schrieb er ihm trocken: »Ich freue mich, daß Sie Ihren Frieden mit dem heiligen Januarius gemacht haben. Hoffentlich vergessen Sie aber auch nicht, die Festung Gaeta zu verstärken und gelegentlich die Insel Sizilien zu erobern...«

Das traf den Punkt. So sehr Joseph als italienischer »Friedensfürst« am rechten Platze stand, so wenig konnte er militärischen Anforderungen genügen. Es war vielleicht typisch, daß sich eines Tages ein britischer Colonel mit einer Truppe korsischer Überläufer der Insel Capri, unmittelbar vor den Toren Neapels und damit vor Josephs Nase gelegen, bemächtigen und dort längere Zeit halten konnte. Der Name des Obristen, der diesen tollkühnen Handstreich ausführte, war Hudson Lowe – derselbe, der später als Gouverneur von St. Helena oberster Wächter des Staatsgefangenen Napoleon Bonaparte wurde...

Mit einigem Recht hat Joseph allerdings nie einsehen wollen, daß die französische Besatzungsarmee von 40000 Mann nicht von Frankreich, sondern aus dem Lande selbst versorgt und verpflegt werden mußte. Aber eben dies war ein unumstößliches Prinzip des Kaisers, das er in sämtlichen Satellitenstaaten des Empire ebenso anwandte. Die Bruder-Könige Louis und Jerome haben das gleichermaßen verzweifelt und erfolglos moniert wie Joseph selbst, der ohne diese schwere finanzielle Belastung sein Reich zweifellos zu größerer Blüte hätte führen können.

Bilanz einer Regierung

Das Urteil der Nachwelt muß insgesamt positiv ausfallen. Als Joseph, wie es einem Monarchen gebührt, seinen »Orden beider Sizilien« stiftete – die Erneuerung des alten »Ordens vom Halbmond« hatte er als »zu altmodisch und zu türkisch« abgelehnt – da konnte die Devise dieses Ordens mit Recht seine Regierungszeit so kennzeichnen:

»Pro Patria renovata«, für das erneuerte Vaterland (der Orden wurde nebenbei, als fünfspitziger Stern unter gekröntem Adler in fünf Klassen, so sparsam vergeben, daß er heute in Museen und im Handel eine kaum zu beschaffende und zu bezahlende Rarität darstellt).

Das Königreich Neapel hatte sich, trotz Beeinträchtigung durch die napoleonische Kontinentalsperre, als zeitgemäß-moderner Staat unter aufgeklärt-liberaler Führung etabliert. Die Gegensätze zwischen Oben und Unten, die Unterschiede zwischen Reich und Arm, waren geringer geworden – eine Entwicklung, die von Oberitalien aus ihren Lauf genommen und nun auch den italienischen Süden erreicht hatte.

Eine neue Mittelklasse, aus der sich später die »Carboneria« entwickelte, begann zu entstehen. Ihren Grundstock legten Beamte und Offiziere, arrivierte Stadtbürger und befreite Bauern. Eine straffe Verwaltung unter Provinz-Intendanten (nach dem Vorbild der französischen Departements-Präfekten) wies den Kurs. Die Landwirtschaft erholte sich, die Verkehrsverbindungen waren ausgebaut und gesichert worden, das Bettler-Unwesen war eingedämmt und die Kriminalitätsziffer deutlich gesenkt worden.

»Italien befand sich«, wie Jean Tulard für jene Epoche mit Recht schreibt, »auf dem Weg zur Einigung«. In der Tat war es Napoleons erklärtes Ziel, allmählich die staatliche Einheit ganz Italiens vom Norden bis zum Süden herzustellen, wenngleich natürlich im großen Rahmen des Empire. Bei diesem historischen Projekt war Bruder Joseph die schwierigste Aufgabe zugefallen, und er hat sie – nicht nur, aber eben auch als Jurist – glänzend bewältigt. Gewiß ist diese Entwicklung durch die Restauration der italienischen Mittelstaaten nach dem Ende der napoleonischen Ära noch einmal für mehrere Jahrzehnte unterbrochen worden. Aber dann konnte die italienische Unabhängigkeitsbewegung in der zweiten Hälfte des 19. Jahrhunderts just auf den Grundlagen weiterbauen, die in jener Ära, und nicht zuletzt durch König Joseph, gelegt worden waren.

Zum Unglück für Joseph und für Italien dauerte seine Regierung zu kurz, kaum mehr als zwei Jahre. Allein die zeitliche Begrenzung ließ Joseph hier wieder als »verhinderten Staatsmann« erscheinen. Als der geflohene Bourbonenkönig Ferdinand 1814 nach Neapel zurückkehrte, mußte er selbst zugeben, sein Reich wäre noch nie so gut verwaltet worden wie unter Joseph Bonaparte, und sein Sohn fügte träumerisch hinzu: »Wie hätten wir das Land erst vorgefunden, wenn wir noch länger im Exil geblieben wären...« Die reaktionäre Königin Maria Carolina aber schimpfte jahrelang auf die Neapolitaner, weil sie dem König Joseph immer noch ein gutes Andenken bewahrten.

V. *Die spanische Dornenkrone*

Iberisches Abenteuer

Als Joseph Beliebtheit in allen Volksschichten ihren Höhepunkt erreicht hatte, versetzte Napoleon ihn kurzerhand vom warmen neapolitanischen Golf in das rauhe Hochland von Kastilien, wo er ihn dringender zu benötigen glaubte. Er mutete ihm 1808 mit der Krone Spaniens die härteste Probe zu, auf die er je ein Familienmitglied stellte. Es war eine Aufgabe, an der unter den gegebenen Umständen wohl jeder hätte scheitern müssen – so auch Joseph. Napoleon hätte Portugal erobern und halten, vielleicht nach Afrika übersetzen, selbst den Türkensultan niederwerfen können; das iberische Abenteuer jedoch, geographisch so naheliegend, erwies sich als tödlich, es wurde (nicht erst der Rußlandfeldzug) der Anfang vom Ende des Empire.

In Spanien hatten ebenfalls die Bourbonen regiert und den begehrlichen Blick Napoleons auf sich gezogen. Als König Carlos IV. sich mit seinem Sohn Ferdinand und dem mächtigen Premierminister Godoy nicht über die Thronfolge einigen konnte, rief er den Franzosenkaiser als Schiedsrichter an – ein sinnloses Unterfangen, denn der Löwe schlichtet nicht zwischen den Schafen. Carlos ließ sich mit seinem Sohn nach Bayonne, außerhalb der Grenzen seines Reiches, zitieren und trat dort unter sanftem Druck seine Krone an Napoleon ab in der naiven, ja verblendeten Erwartung, dieser werde sie vorübergehend selbst tragen und sie später den Bourbonen zurückgeben... Stattdessen wurde er in Ehrenhaft genommen, und Napoleon hatte eine neue Gelegenheit zur dynastischen Stärkung der eigenen Familie.

Er begründete den Anschluß Spaniens an das Empire nicht mehr (wie noch am Rhein, in Belgien und Italien) mit den »Errungenschaften der Revolution«, sondern erstmals mit imperial-monarchischen Argumenten: seit Louis XIV. habe stets ein mit Frankreich verbundenes Haus die spanische Krone getragen, und dieser Zustand müsse wiederhergestellt werden.

Napoleon handelte so gegen den erklärten Rat seines Außenministers Talleyrand, der die Katastrophe vorausgeahnt und an diesem Tag der kaiserlichen Entscheidung dem Empire »innerlich gekündigt« hat: er erfüllte zwar weiterhin formell seine politisch-diplomatischen Pflichten, war aber von nun an nicht mehr mit dem Herzen bei der Sache des Kaisers. Napoleon rächte sich, hintersinnig, indem er dem abgesetzten König und dessen Sohn ein vergoldetes Exil just auf dem südfranzösischen Landgut des Herrn von Talleyrand zuwies. Erst auf St. Helena hat der gestürzte Kaiser bekannt: »Ich gebe zu, diese Angelegenheit falsch angepackt zu haben«. Damals war er von solcher Erkenntnis weit entfernt.

Ein Kandidat für die neue Herrschaft also mußte gefunden werden, und auch diesmal war der ältere Bruder nicht die erste Wahl. Napoleon bot die Krone zunächst Bruder Lucien an, aber der lehnte sie ab wie jede andere Krone, weil er Republikaner geblieben war und sich zudem nicht von seiner »bürgerlichen« Ehefrau Alexandrine scheiden lassen wollte. Dann sollte Bruder Louis, der Napoleon einmal im Italienfeldzug das Leben gerettet hatte, auf den spanischen Thron gesetzt werden. Aber Louis bevorzugte – er litt schon in jungen Jahren unter Gicht und Rheuma –

wegen seiner schwachen Gesundheit ein kleineres Reich und wurde mit Holland abgefunden.

Dann erst entschied sich Napoleon für Joseph, der aus allen Wolken fiel.

Unwillkommene Versetzung

Die Form, in der Joseph diese Entscheidung erfuhr, ist bezeichnend für die Art, in der Napoleon mit seinen Geschwistern, selbst mit dem älteren Bruder, wie Rekruten umsprang. Der Eilkurier brachte ihm im Mai 1808 folgenden Brief des Kaisers: »Der König von Spanien hat mir seine Krone abgetreten. Sie sind es, den ich für diese Krone bestimme. Sie erhalten dieses Schreiben am 19. Mai, am 20. reisen Sie von Neapel ab, und am 1. Juni werden Sie hier bei mir in Bayonne an der französisch-spanischen Grenze sein. Sie werden sodann zum König gekrönt und den spanischen Granden sowie der Junta vorgestellt werden«.

Dieser erstaunliche Brief widerlegt eine Behauptung, die Joseph selbst später in seinen Memoiren aufgestellt hat: er habe bei der Ankunft in Bayonne noch gar nichts von seiner geplanten Versetzung gewußt, und erst als er dort erfahren habe, daß ein anderer Bruder die spanische Krone erhalten sollte, da habe er selbst diese Krone »mit dem Recht des Erstgeborenen für sich reklamiert«, und dieser Forderung habe der Kaiser »nachgegeben«. Das ist absolut unwahr, zeigt aber wieder Josephs verzweifeltes Bemühen, vom jüngeren Bruder als Respektsperson anerkannt zu werden – und solchen Anschein der Nachwelt zu überliefern. In Wahrheit also war Napoleons Entschluß dem Joseph schon in Neapel bekannt, und er war darüber keineswegs begeistert.

Mit einigen Tagen Verzögerungen (anderen Widerstand wagte er nicht) traf Joseph Anfang Juni 1808 in Bayonne ein. Dort war es Napoleon gelungen, sein Vorhaben wenigstens scheinbar zu legalisieren. Er hatte eine »Junta«, bestehend aus einigen Dutzend spanischer Notabeln, zusammentrommeln lassen. Das höchst willkürlich zusammengesetzte Gremium tagte vom 15. Juni bis zum 7. Juli auf französischem Boden, arbeitete eine »Verfassung« nach französischem Vorbild aus, erklärte die Folter und die Majorate für abgeschafft, behielt den Adel wie auch die Inquisition jedoch bei.

Als es an die Investitur des neuen, so plötzlich aus Napoleons Hut gezauberten Monarchen ging, glänzte die Hälfte der hohen Versammlung durch Abwesenheit. Die andere Hälfte der spanischen Herren entschied sich mit knappster Mehrheit für Joseph Bonaparte, bis dato König von Neapel – die korrekte Formel »... beider Sizilien« wurde sorgfältig vermieden. Und tatsächlich wurde der Joseph dann im Beisein der wenigen, mit Frankreich sympathisierenden Standespersonen zum »König von Spanien und von Indien« gekrönt – letzteres war eine Farce, denn die hiermit gemeinten spanischen Kolonien in Mittel- und Südamerika waren durch die englische Flotte dauerhaft von jedem Kontakt zum spanischen Mutterland abgeschnitten.

Die Skurrilität ging so weit, daß die herkömmlichen Zusatztitel der spanischen Könige: »Herzog von Burgund, Erzherzog von Österreich, Graf von Habsburg und von Tirol« dem Joseph ebenfalls beigelegt wurden. Da trug er nun die schönsten und honorigsten Fürstennamen des alten Europa, aber mit seiner wirklichen Herrschaft sah es von Anbeginn trübe aus.

Napoleon hatte die politische Lage in Spanien durchaus

falsch eingeschätzt. Er glaubte, die Völker der iberischen Halbinsel seufzten wie andere europäische Völker unter feudaler und religiöser Knechtschaft, sie wünschten »befreit« zu werden wie jene und könnten sich nichts Besseres vorstellen, als von einem Mitglied seines Hauses regiert zu werden. Aber die Spanier waren ihrem angestammten Herrscherhaus ebenso ergeben wie der Kirche, sie nahmen ihren katholischen Glauben so ernst wie die Liebe zum Vaterland und zur »Hispanidad«. Die Geistlichen waren, anders als manche italienische Kleriker, weder asozial noch antisozial, sondern die anerkannten Führer des Volkes, das ihnen blind vertraute. Auch ihre geographisch-historische Pyrenäengrenze nahmen die Spanier ernst; sie begegneten den Franzosen mit tiefverwurzeltem Mißtrauen, ja mit Feindschaft, der große Napoleon war für sie ein gefährlicher Revolutionär und Jakobiner – wie sollten sie da seinen Bruder mit offenen Armen empfangen?

Joseph ist wieder gehorsam

Man kann nur spekulieren, weshalb Joseph, der von solchen Umständen gewiß mehr ahnte (wenn nicht schon wußte) als Napoleon, sich gleichwohl bereitfand, diese dornige Krone zu übernehmen, sie einzutauschen gegen sein schönes Süditalien, dessen Menschen, dessen Kultur und Klima ihm so liebgeworden waren. Seine eigene lapidare Erklärung, er habe »seine Neigung der Ehre geopfert«, erklärt dies kaum, so erbaulich sie sich auch für die Memoiren ausnimmt.

Wieder dürfte Josephs Ergebenheit gegenüber seinem Bruder, vielleicht auch sein Mangel an Entschlußkraft und sein »philosophischer« Gleichmut bestimmend dafür gewesen sein, daß er sich Napoleons befehlsartigem Wunsch nicht widersetzte. Hatte er nicht als junger Mensch einmal geäußert, die Umbrüche der französischen Revolutuion seien gar nicht so bewegend und fürchterlich? Da mochte er wohl glauben, auch die neue Aufgabe sei keineswegs unlösbar, jedenfalls nicht für ihn, den erstgeborenen Sohn des Carlo de Buonaparte. So versuchte er, wie als Diplomat und wie in Neapel sein Bestes zu geben. Aber was für die Staatsverträge und für Italien mehr als gut gewesen war, das konnte nicht gut genug sein für Spanien.

Die Tschakos werden gewechselt

Am gleichen Tag, an dem Joseph auf französischem Boden zum König von Spanien proklamiert wurde, ernannte Napoleon den Schwager Joachim Murat, bis dahin Großherzog von Berg, zu Josephs Nachfolger als König von Neapel. »Sie waren«, schreibt der bissige Chateaubriand, »wie zwei Polizisten, die ihre Tschakos wechseln mußten«.

Nur zwei Dinge konnte Joseph noch durchsetzen. Die Prärogativen seiner bisherigen Herrschaft am Golf mußten ihm einen weiteren Monat lang erhalten bleiben, und für die gleiche Zeit durfte er auch noch über die Einkünfte der neapolitanischen Staatskasse verfügen. Mit jener Dankbarkeit, die zu den guten Eigenschaften der meisten Napoleoniden gehörte (nur Schwester Caroline, die Murat-Gattin, die später den großen Bruder in Neapel verriet, war eine schimpfliche Ausnahme) nutzte Joseph dieses Entgegenkommen des Kaisers.

Wie bei einem britischen »Pairs-Schub« ernannte er neue Staatsräte und Kassationsrichter. Er beförderte, titulierte, dekorierte und adelte gleich serienweise seine Chefbeamten, die ihm in Neapel zur Seite gestanden hatten. Den Innenminister Miot nahm er als »Conte di Melito« sofort mit nach Spanien, aber die meisten anderen mußten freilich in Neapel bleiben und dem neuen König Murat (der sie als Nur-Militär verzweifelt benötigte) zur Verfügung stehen.

Im übrigen spricht es, je nach Betrachtungsweise, für oder auch gegen Joseph, daß mit den Revenuen der dortigen öffentlichen Kassen die Zukunft der Herzogin di Atri und ihrer Kinder finanziell gesichert wurde... Als König von Spanien hat Joseph den brieflichen Kontakt mit dieser Dame noch mehrere Jahre aufrechterhalten. Später schrieb er ihr nicht mehr, empfing aber von ihr noch zahlreiche sehnsüchtige Billets, die er sorgfältig verwahrte, und die erhalten geblieben sind.

Don José wird Spanier

An einem heißen Julitag des Jahres 1808 zog »Don José Primero«, wie Joseph nun offiziell hieß, in seine neue Hauptstadt Madrid ein und ergriff Besitz vom Eskorial-Palast. Das Bemühen seiner Umgebung, ein großes Volksfest zu organisieren, schlug fehl. General Savary hatte zwar für ein kommandiertes Militärspektakel gesorgt, aber die Madrilenos hielten sich versteckt, sie hatten Türen und Fenster verrammelt, kein Mensch zeigte sich auf den Straßen, und was Joseph in seinem prächtigen Schloß begegnete, das schilderte er selbst in einem Brief an Napoleon: »Alle zweitausend Palastangestellten haben zur gleichen Stunde ihren Arbeitsplatz verlassen. In den Marställen konnte ich keinen einzigen Kutscher auftreiben. Die Bauern verbrennen die Räder ihrer Wagen, damit man sie nicht zu Transporten heranziehen kann. Außer dem Gefolge, das mich hierher begleitet hat, finde ich keinen Menschen, der mir dienen will!«

Immerhin gelang es, für eine wiederholte Krönungszeremonie eine Anzahl spanischer Granden zu versammeln. Aber da beging Joseph selbst, nun wohl nervös und schockiert, einen kapitalen Stilfehler. Er redete die adelsstolzen Herren, für die er ohnehin ein Parvenu war, in italienischer Sprache an – vielleicht in dem Glauben, Spanisch sei nur ein romanischer Dialekt... Wenn die Granden einen Teil seiner Rede begriffen, so gaben sie jedenfalls vor, kein Wort verstanden zu haben, und nicht eine Hand rührte sich zum Beifall.

So unverzeihlich dieser Fauxpas für einen Kulturmenschen war – Joseph reagierte blitzartig und bewies erneut die hohe Kunst der Anpassung, die er von Vater Carlo geerbt hatte. Er ließ sich sofort intensiven Privatunterricht in der spanischen Sprache erteilen, nahm einen »Crash-Kurs«, wie man heute sagen würde; nach wenigen Wochen sprach er Spanisch geläufig und nach einigen Monaten fast perfekt. Dann ordnete er an, daß am Hofe ausschließlich die Landessprache benutzt werden dürfte – auch von den Franzosen, die nun ebenfalls büffeln mußten. Alle Dekrete und Proklamationen trugen wieder die ehrwürdige, seit Philipp II. gebräuchliche Eingangsformel: »Yo el Rey« – Ich der König.

Ein Tag im Leben des Königs

Damit ließ es Josph nicht bewenden. Nie in seinem Leben hat er sich so viel Mühe gegeben und so hart gearbeitet wie in den folgenden Jahren.

Im Morgengrauen stand er auf, bearbeitete Staatspapiere und besuchte um 6 Uhr früh die Messe – meist in der Privatkapelle des Eskorial, bisweilen aber auch, ohne Voranmeldung, in einem Gotteshaus der Hauptstadt; hier bevorzugte er die Kirche von San Isidro, des Schutzpatrons der Bauern. Dann erteilte er Weisungen an die Palastbediensteten und konferierte mit den Beamten seiner engeren Umgebung. Um 10 Uhr wurde ihm ein leichtes Frühstück serviert: zwei gekochte Eier oder ein kleiner Fisch, begleitet von einer Karaffe Wasser oder Apfelsinensaft. Eine halbe Stunde später empfing er seine Minister und die hohen Militärs. Um 12 Uhr präsidierte der König die Routine-Sitzung des Staatsrats. Danach gab er den Spaniern Audienzen. Ohne Siesta ging es weiter mit Ausritten, Inspektionen und Besichtigungen, bisweilen auch (zum erhofften Wohlgefallen des Volkes) mit dem Besuch einer Stierkampf-Arena.

Nach 16 Uhr begab sich Joseph mit der Kutsche in die Landvilla »Casa de Campo«, wo er um 17 Uhr im Kreis seiner Vertrauten dinierte. Die Tischgespräche wurden lebhaft und heiter geführt, die Atmosphäre war völlig ungezwungen, aber auch, bei weiblicher Präsenz, von erlesener Galanterie. Regelmäßig anwesend waren Marschall Jourdan, Minister Miot und Generaladjutant Bigarré. Aber meist waren 24 Gedecke aufgelegt, denn stets wurden im Wechsel auch prominente Spanier mit ihren Damen zur Hoftafel gebeten. Joseph trug dann entweder die Uniform eines Infanterie-Obristen seiner eigenen Garde oder einen hellblauen Zivil-Frack mit militärischen Epauletten.

Die frühe Stunde dieses Diners entsprach gewiß nicht den spanischen Gewohnheiten, aber Joseph verschlang trotz seines Widerwillens tellerweise öltriefende Paella, um sich auch beim Essen als rechter Spanier zu erweisen. Nach Tisch spielte man Karten (»Vingt-et-un« war Josephs Lieblingsspiel), unternahm wohl auch eine Spazierfahrt oder, je nach Wetterlage, eine kleine Promenade zu Fuß.

Am späteren Abend wurden wieder Petenten, Informanten und andere spanische Gäste empfangen. Um 22 Uhr ließ Joseph es sich nicht nehmen, den regelmäßig abreitenden Eilkurier nach Paris mit Nachrichten – auch Bitten, Wünschen und Forderungen – an den kaiserlichen Bruder oder dessen in der französischen Hauptstadt amtierende Vertreter zu versehen. Ebenso gab er dann Kurierbefehle an die auswärtigen Dienststellen und die Provinzialbehörden seines Reiches. Das frugale Nachtessen gegen 23 Uhr entsprach in etwa dem Frühstück. Erst um Mitternacht legte der König sich nieder – und paukte bis zum Einschlafen spanische Wörterbücher.

So verlief der Tag natürlich nur, wenn Joseph sich in der Hauptstadt Madrid aufhielt. Aber auch in Spanien hat er immer wieder seine Provinzen besucht – was hier schon körperlich umso anstrengender war, als das Staatsgebiet ja fast viermal so groß war wie das Königreich Neapel, von der größeren persönlichen Gefährdung ganz zu schweigen. Der einst so lässige, zur Bequemlichkeit und zum Phlegma neigende, nun in sein fünftes Lebensjahrzehnt eingetretene Joseph Bonaparte ist auf den kalten Pässen der spanischen Sierras, in den glutheißen Ebenen von Andalusien und Katalonien, bei Flußüberquerungen und riskanten Zügen durch Partisanen-Gebiete zu einem sicherlich härteren und ernsteren, gegen sich selbst weniger rücksichtsvollen Mann geschmiedet worden.

Die Leistung für Staat und Volk

Josephs Leistungen, die er insgesamt bis 1813 vollbrachte, waren mehr als respektabel. Er hat dem spanischen Staat seine erste liberale Verfassung gegeben. Die Legislative bestand aus einem 24-köpfigen, vom König ernannten Senat und einer Deputierten-Kammer mit 162 gewählten Standesvertretern. Es gelang Joseph, tüchtige Spanier als Minister zu gewinnen – den Herzog de Santa Fé, den Conde d'Azanza und den Marques d'Almenara. Er baute Straßen und Wasserleitungen, versuchte eine Landreform durchzusetzen wie auch die allgemeine Schulpflicht. In Madrid ließ er Parks und Plätze mit Blumenbeeten anlegen. Er sorgte dafür, daß die Kunstwerke aus beschlagnahmten Klöstern und Bischofspalästen dem Volk zugänglich gemacht wurden – die Einrichtung des Prado-Museums, das allerdings erst nach seiner Regierungszeit eröffnet werden konnte, geht auf seine Ideen zurück.

Nach dem Verbot der Folter schaffte Joseph auch die Inquisition ab. Er bemühte sich um Glaubensfreiheit für Protestanten und Juden, bekämpfte das Bettler-Unwesen, förderte die schönen Künste und beschäftigte den großen Goya als Hofmaler.

»Sein Rezept war«, schreibt Vincent Cronin, »im großen und ganzen das gleiche wie in Neapel – aber hier in Madrid wirkte es nicht«.

»El Rey intruso«

Trotz seines gewaltigen Einsatzes gewann Joseph weder die Liebe des Volkes noch die Sympathie der übermächtigen Geistlichkeit. Ausgerechnet er, der täglich zur Kirche ging und keinen Tropfen Alkohol trank, wurde in Flugblättern verunglimpft als »Atheist, abscheulicher Trunkenbold und Gesandter des Satans«. Oder es hieß: »Dieser Schwachkopf, dieser gekrönte Sklave, hält sich für einen Philosophen!« Als französische Soldaten in Madrid einen Weinkeller geplündert und sich hemmungslos betrunken hatten, wurde diese eher disziplinarisch relevante Entgleisung dem König persönlich (der damit nicht das geringste zu tun hatte) in die Schuhe geschoben, und nun war er im Volksmund »Don Pepe Botella« (etwa »Herr Klein-Joseph Flasche«).

Denn die Spanier waren an einem Fortschritt, wie er ihn verstand, gar nicht interessiert. Sie pfiffen auf Demokratie, Aufklärung und Gewissensfreiheit. Sie wollten ihre Inquisition und ihre Folter behalten, weil sie die Ketzer haßten und die Mönche liebten. Auch fühlten sie sich keineswegs ausgebeutet – es sei denn durch die französischen Invasionsarmeen, die wie Heuschrecken ihre Dörfer kahlfraßen.

Bald hatte »Don José Primero« seinen vernichtenden Schimpfnamen im ganzen Land: »El Rey intruso« – König Eindringling. Witterte man in diesem Land, in dem der Begriff »Liberalismus« ebenfalls ein Schimpfwort war, den ehemaligen Freimaurer – ?

Allerorten in Spanien brachen Aufstände gegen die Fremdherrschaft aus. In Bilbao und Valencia wurde der Mob, der hunderte Franzosen massakrierte, von Prälaten mit erhobenen Kruzifixen angeführt. Französische Konvois wurden auf den Landstraßen von patriotischen Banden überfallen. Wer in ihre Hände geriet, wurde gepfählt, geblendet, zerstückelt, gekreuzigt, lebendig verbrannt. Es war eine Welle der Wut und Grausamkeit, wie sie wohl nur in einem Volk entstehen konnte, das die schreckliche

Parole erfunden hat: »Viva el muerte« – es lebe der Tod ... Goya hat diese »Greuel des Krieges« in seinen Zeichnungen der Nachwelt überliefert.

Die Gewalt eskalierte auf beiden Seiten, denn die Franzosen hatten sie provoziert, und natürlich schlugen sie auch zurück. Fast 200000 Soldaten standen in Spanien. Napoleon schickte seine besten Marschälle – Jourdan und Victor, Moncey und Lefèbvre, Lannes und Ney, Bessières und Soult – um die widerspenstigen Spanier zu zähmen, die bald auch von englischen Truppen aus Portugal unterstützt wurden. Es war, militärisch gesehen, ein Faß ohne Boden. Die Gefechte von Medellin und Ocana wurden von den Franzosen gewonnen, die Schlacht bei Talavera blieb unentschieden, aber die von Baylen ging trotz schwerer Blutopfer verloren.

Der Thron ist ein Schleudersitz

Mit einigem Grund bemerkte Joseph, daß er zwischen allen Stühlen saß. Ganz ohne Anhänger war er nicht, und deren geringe Zahl konnte zunehmen. Auf seiner Seite standen immerhin einige Granden, auch Angehörige des niederen Landadels, liberal gesinnte Beamte und Großbürger, sogar eine Handvoll »aufgeklärter« Geistlicher, dazu natürlich alle Protestanten und »Marannen«, die zwangsgetauften Juden, die in Handel und Wirtschaft einen gewissen Einfluß ausübten. Es erscheint heute durchaus möglich, daß Joseph mit seinen Reformen allmählich Boden gewonnen und auch den Respekt des Volkes erlangt haben würde – hätten nicht die französischen Marschälle wie Satrapen in seine Pläne hineinregiert und alles zerschlagen, was er gerade aufbaute. Aber wenn die Soldateska Geiseln erschoß, Kirchen plünderte, Ernten vernichtete und Häuser anzündete, dann war das keine Empfehlung für den guten Willen und die Leistungen des Königs.

Zudem erhob der Regionalismus, jene bis heute ständige Bedrohung der spanischen Einheit, wieder sein Haupt. Joseph versuchte erfolglos, ihn durch straffe, zentralisierte Provinzialverwaltung niederzuhalten. Die französischen Marschälle und Generale förderten ihn sogar, um als regionale Militärbefehlshaber in die erwünschte Rolle autonomer »Kleinkönige« hineinzuwachsen. Die Weisungen des Königs im fernen Madrid führten sie nicht mehr aus, und von den Zivilgouverneuren ließen sie sich erst recht nichts vorschreiben. Gegen Josephs dringliche Vorstellungen übersah Napoleon dieses tödliche Problem und ließ seine Offiziere gewähren.

Verzweifelt schrieb Joseph an den Bruder: »Die Marschälle unterstehen mir nicht, ich habe in der Armee nicht einmal die Autorität eines Unterleutnants. Wir brauchen hier nicht nur Truppen, sondern auch viel Geld, um das Land zu befrieden. Eure Majestät machen sich keine Vorstellung davon, bis zu welchem Grad Ihr Name in Spanien verhaßt ist!«

Er predigte tauben Ohren. Es wurde noch schlimmer für ihn, als die spanischen Nordprovinzen diesseits des Ebro aus dem Reich praktisch ausgegliedert und der Militärregierung des Marschalls Soult unterstellt wurden. Da hatte der König nun auch formell in einem Drittel seines Staaates überhaupt nichts mehr zu sagen. Im Ergebnis war seine praktische Macht bald beschränkt auf die Hauptstadt und die kleine Provinz Madrid – aber Madrid selbst war nach spanischem Verständnis nur »la Corte«, der Königshof; es war nicht einmal Bischofssitz, der lag in Toledo, und keine Kapitale wie die bedeutenden Provinzhauptstädte Sevilla, Valencia, Barcelona und Pamplona. Josephs direkter Kommandogewalt unterstand nur eine kleine Truppe von kaum 20000 Mann, bestehend aus seiner Garde und der hauptstädtischen Garnison.

Joseph hat mehrfach erwogen, dem Bruder seine Krone zur Verfügung zu stellen und nach Neapel als König zurückzukehren, vielleicht auch die Regierung eines anderen Landes zu übernehmen. Im April 1811 raffte er sich sogar dazu auf, Napoleon durch seinen Außenminister, den Herzog von Santa Fé, ein Ultimatum überbringen zu lassen. Er werde seine Krone niederlegen, wenn nicht: erstens alle französischen Truppen unter seinen Befehl gestellt würden; er selbst, zweitens, das Recht erhielte, Offiziere bei schlechtem Betragen gegen die Zivilbevölkerung zu degradieren und zu kassieren; ihm allein, drittens, erlaubt würde, die Nation über die Veränderung der Regierung und die Zerstückelung des Landes aufzuklären und zu beruhigen; und er, viertens und wichtigstens, befugt sei, alle Maßnahmen durchzuführen, die er zur Befriedung des Landes und zur Reform des Staates für geeignet halte.

Es ist durchaus möglich, daß die spanische Geschichte anders verlaufen wäre, wenn Napoleon diese Forderungen erfüllt hätte. Aber der Kaiser lehnte barsch ab, faßte den Bruder am Portepee, erinnerte ihn an seine Pflichten gegenüber dem Empire – und Joseph ließ sich, gehorsam wie stets, zum Ausharren bewegen. Immerhin fuhr er im gleichen Jahr 1811 selbst nach Paris – nicht nur, um als Pate der Taufe des kleinen »Königs von Rom« beizuwohnen, sondern auch, um mit dem Bruder über Spanien ernsthaft zu reden. Napoleon, angesichts der Geburt seines Söhnchens bei bester Laune, gab sich beim Tête-à-tête konziliant, versprach die Abschaffung der Militärregierung in den Nordprovinzen – hielt aber keineswegs Wort, als Joseph nach Madrid zurückgekehrt war, und schickte auch keinen Franc der in Aussicht gestellten Subsidien.

Im Sinne einer kühnen »Flucht nach vorn«, die ihn zweifellos ehrt, reiste Joseph in ein Zentrum der Aufstände, die Provinz Andalusien. Zur Überraschung aller schlug ihm, aufgrund des Eindrucks seiner guten Figur, seines Benehmens und seiner Redekunst, unkommandierter Volksjubel entgegen, selbst der Klerus und einige Bischöfe zeigten sich begeistert. Aber das war leider ein Strohfeuer, das schnell erlosch, als »El Rey« die Südprovinz wieder verließ und seine persönliche Ausstrahlung verblaßt war.

Mutproben und Mätressen

Auch sonst zeigte Joseph erneut persönlichen Mut, indem er (wie in Neapel) furchtlos mit kleiner Eskorte über Land ritt. Einmal stieß er in der Mancha auf den Guerilla-Häuptling Munoz Lopez, der mit seinen Flintenmännern am Lagerfeuer kampierte. Statt die Flucht zu ergreifen, sprengte Joseph auf ihn zu und rief vom Pferde herab: »Herr Komandant, ich möchte Ihre Truppe inspizieren. Lassen Sie sie die Waffen aufnehmen und zur Parade antreten!« Die verbürgte Anekdote endet echt bonapartistisch: der verdutzte Partisan reißt seinen Hut vom Kopf und brüllt: »Es lebe der König Don José!«

Ohne Mätressen kam Joseph freilich auch in Madrid nicht aus. Was in Neapel die Herzogin von Atri gewesen war, das wurde hier die ebenso junge Marquesa de Monte-Hermoso. Die ganze Verachtung des Vaterlandes hat später diese Dame getroffen, indem ihr Name aus den spanischen Adelsregistern getilgt wurde...

Josephs Ehefrau Julie hat ihn nur zeitweise in Madrid besucht. Sie lebte weiterhin meist in Paris und auf dem Landgut Mortefontaine, unterhielt mit ihrem Mann aber, wie früher, regen Briefverkehr. Seine Amouren tolerierte sie auch diesmal mit Bemerkungen wie etwa diesen: »An Zerstreuung wird es Dir sicherlich nicht fehlen« oder »Ich nehme an, daß Du dich auch ohne mich gut amüsierst«. Immerhin hat Joseph darauf bestanden, daß Julie zur »Königin von Spanien und von Indien« gekrönt wurde. Und auch die beiden Töchter erhielten ihre Titel als »Infantinnen von Spanien«...

Das beredte Bildnis

Eine der wichtigsten bildlichen Darstellungen des Joseph Bonaparte stammt aus jener Zeit. Das Gemälde des Franzosen Francois-Joseph Kinson ist heute in Kassel zu besichtigen, in den dortigen Staatlichen Kunstsammlungen.

Da steht »Don José Primero« auf der roten spanischen Erde vor seinem Eskorial-Palast, der im dämmrigen Hintergrund versinkt. Er trägt die Uniform eines Obristen seiner Garde mit goldenen Schultertressen, gelber Weste, weißen Kniehosen, schwarzem Rock und hohen schwarzen Stiefeln, den Degen an der Seite, den Zweispitz in der linken Hand, die rechte Hand fordernd ausgestreckt. Um den Hals hängt der spanische Orden vom Goldenen Vlies, auf der linken Brustseite ist der Stern des neapolitanischen Ordens »Patria Renovata« angesteckt, um Brust und Hüfte schlingt sich die rote Großkreuz-Schärpe der französischen Ehrenlegion – für drei Staaten seiner Epoche hat dieser Mann sein Bestes gegeben.

Aber die Gestalt des Königs wirkt seltsam unproportioniert – zu lange Beine und Arme, ein zu kleiner Kopf, die spärlichen dunklen Haare in die Stirn gekämmt. Mit freundlichen Augen, scharfer Nase und sinnlichen Lippen versucht das Gesicht, den Ausdruck von Kühnheit zu produzieren, erreicht aber nicht einmal den Eindruck von Entschlossenheit und Willensstärke.

In der Tat lag hier der neuralgische Punkt des »verhinderten Staatsmanns«: Sanftmut und Liebenswürdigkeit hinderten Joseph oft, im richtigen Augenblick »Nein« zu sagen, und meist behielt bei ihm derjenige Ratgeber recht, der ihn als letzter verließ. Dabei war er keineswegs temperamentlos, aber wenn ihn der Jähzorn überfiel, so geschah das im ungeeignetsten Moment – dann setzte er sich selbst manchmal ins Unrecht und traf die falsche Entscheidung. So bestätigt das meisterliche Gemälde, vielleicht vom Künstler ungewollt, die Urteile von Zeitgenossen.

Trotzdem und dennoch – das spanische Volk hätte anders über »El Rey intruso« gedacht, wenn es dieses Bild von Angesicht zu Angesicht hätte betrachten und es vergleichen können mit den Goya-Porträts des schwachköpfigen Bourbonen-Vorgängers...

Vitoria – und keine Siege

1813, nach der Schlacht von Vitoria, die Marschall Soult gegen die verbündeten Engländer und Spanier verlor, mußte Joseph fluchtartig sein Königreich verlassen. Seine Feldkutsche mit zahlreichen Papieren, Notizen und Briefen (darunter auch diejenigen der Herzogin von Atri) fiel in die Hände des Herzogs von Wellington. Das höchst wichtige Material ist von London aus erst 1977 in das französische Nationalarchiv zu Paris gelangt und harrt dort teilweise noch heute der Auswertung.

In einem langen Zug passierte Joseph die französische Grenze, die er als »Don José Primero« fünf Jahre zuvor triumphal in umgekehrter Richtung überschritten hatte. Wenn er selbst glaubte, kaum über Anhänger zu verfügen, so folgten ihm jetzt doch fast tausend mehr oder minder prominente Spanier, die als »Afrancesados«, als Französlinge, als Kollaborateure die Rache ihrer Landsleute befürchten mußten. Natürlich gab es unter ihnen auch einige Opportunisten. Die meisten aber waren in Josephs Dienste getreten in dem ehrlichen Glauben, das Beste für ihr Land zu bewirken. Selbst im Exil bewahrten sie ihm treue Anhänglichkeit.

Als Joseph seinen spanischen Ministern eine finanzielle Unterstützung anbot, lehnten diese Edelleute sie ab mit dem ganzen Stolz ihrer Nation: »Eure Majestät sind ein Spanier geworden, wie auch wir Spanier sind. Es ziemt sich nicht für uns, von unserem König Belohnungen anzunehmen für Dienste, die wir dem gemeinsamen Vaterland geleistet haben. Es genügt uns, daß wir weiterhin auf das Wohlwollen und das Vertrauen Eurer Majestät zählen dürfen«. So schreibt und denkt kein Quisling.

Napoleon tobte, als er von Josephs Flucht erfuhr. Er weigerte sich, ihn zwecks Rechtfertigung auch nur zu empfangen, und drohte ihm die Verhaftung an, falls er den Fuß in die Stadt Paris setzen werde. Der Vorwurf, Joseph habe seine Armeen und sein Reich ohne Erlaubnis des Kaisers verlassen, war freilich begründet. Man muß aber bedenken, daß die französischen Heere nicht »seine« waren, daß ihm zuletzt auch jegliche Kontrolle über Spanien entglitten war, weil er keine Befehlsgewalt mehr hatte, und daß die einzige Alternative seines Verhaltens die englische Kriegsgefangenschaft gewesen wäre – woran Napoleon noch weniger gelegen sein konnte.

Rückzug nach Mortefontaine

Aber die Wut des Kaisers steigerte sich noch, als Joseph brieflich die verheerende Niederlage bei Vitoria zu beschönigen versuchte – etwa mit der höchst lächerlichen Bemerkung: »Die Artillerie hat zwar alle Kanonen verloren, aber einen Teil ihrer Bespannung retten können«. Dergleichen zu schreiben, war sonst nicht Josephs Art, aber er zitterte vor dem Bruder nun wohl mehr, als er jemals den Feind gefürchtet hatte.

Joseph kam mit seinem Gefolge nur bis St.-Jean-de-Luz bei Biarritz, wo er sein letztes »königliches Hauptquartier« aufschlug. Dort erreichte ihn der Befehl Napoleons, sich unverzüglich inkognito auf sein Landgut Mortefontaine zu begeben und dort bis auf weiteres in Zurückgezogenheit zu verbleiben. Die Anreden »Sire« und »Majestät« wurden ihm gestrichen, und er bekam Pässe, die erstmals auf den (später jahrzehntelang im Exil geführten) Alias-Namen »Comte de Survilliers« lauteten.

Dennoch fand Joseph sein »philosophisches« Gleichgewicht bald wieder. Mit nur mäßigem Groll zog er sich zu Frau und Töchtern nach Mortefontaine zurück und widmete sich vorerst der Verwaltung des Gutes und seines Vermögens. Er war nicht als armer Mann heimgekehrt, hatte sich vielmehr – mit dem allen Bonapartes eigenen Erwerbssinn – aus dem spanischen Kronschatz kräftig bedient, unter anderem auch die berühmte Perle »La Pelegrina« mitgehen lassen, die dann 150 Jahre später, auf verschlungenen Umwegen über amerikanische Auktionshäuser, von Richard Burton für Liz Taylor gekauft worden ist...

Ein brüderlicher Briefwechsel

Die politisch-militärischen Ereignisse führten die beiden ältesten Bonaparte-Brüder schon zu Anfang des Jahres 1814 wieder zusammen. Die alliierten Preußen, Österreicher und Russen näherten sich, nach dem Rußland- und Deutschlandfeldzug, dem französischen Kerngebiet, wie es vor der Revolution bestanden hatte. In dieser bedrohlichen äußeren Lage kam es zwischen den Brüdern zu einem Briefwechsel, der für Charakter und familiäre Haltung sowohl des einen als auch des anderen höchst aufschlußreich ist.

Joseph schrieb am 29. Dezember 1813: »Sire! Die Verletzung des schweizerischen Gebiets hat dem Feind die Tore Frankreichs geöffnet. Mögen Eure Majestät überzeugt sein, daß in solcher Situation mein Herz ganz französisch ist. Die Ereignisse haben mich nach Frankreich zurückgeführt, und ich wäre glücklich, wenn ich Ihnen irgendwie von Nutzen sein könnte. Ich bin bereit, alles zu tun, um Frankreich meine Ergebenheit zu beweisen. Ich weiß auch, was ich Spanien schuldig bin. Aber Rechte kenne ich nur, um sie dem allgemeinen Wohl der Menschheit zu opfern. Es wäre mir erwünscht, wenn ich durch dieses Opfer zur Ruhe Europas beitragen könnte«.

Das war vorsichtiges Anklopfen an eine zugeschlagene Tür, auch verhülltes Angebot einer Abdankung für den Fall, daß eine neue große Aufgabe übernommen werden dürfte.

Napoleon antwortete eine Woche später eher sarkastisch: »Ich habe Ihren Brief erhalten. Er ist viel zu geistreich (ily a trop d'esprit) für die Lage, in der ich mich befinde. Hier haben Sie diese Lage in wenigen Worten. Frankreich ist vom Feind überfallen. Ganz Europa hat die Waffen gegen mich erhoben. Sie selbst sind nicht mehr König von Spanien. Ich brauche Ihren Verzicht nicht, weil ich Spanien weder für mich haben noch darüber verfügen will (sic!). Ich will mich nur in die Angelegenheiten des Landes mischen, um dort Frieden zu haben und meine Armee zu behalten«.

Dann ging es weiter mit der ganzen Härte des Realisten: »Was gedenken Sie zu tun? Wollen Sie sich als französischer Prinz dem Thron nähern? Dann sind Sie meiner Freundschaft sicher. Sie werden Ihre Apanage haben und mein Untertan sein. Aber dann müssen Sie sich in einem zur Veröffentlichung geeigneten Brief an mich zu dieser Rolle bekennen. Sie müssen meine Befehle annehmen und sich für mich und den König von Rom einsetzen. Wenn Ihnen das nicht möglich ist, so müssen Sie in Ihrem Provinzschloß in Vergessenheit weiter existieren. Sie werden dort ruhig leben, solange ich regiere. Falle ich, so werden Sie dort getötet oder verhaftet und eingesperrt werden. Sie würden mir, der Familie, Ihren Töchtern und Frankreich von keinerlei Nutzen sein, aber Sie würden mir auch nicht schaden können. Wählen Sie rasch und fassen Sie Ihren Entschluß – jedes Gefühl des Herzens ist unnütz und nicht am Platze!«

Der Erstgeborene begriff (er hat immer schnell begriffen), daß mit Sentimentalität nichts zu erreichen war, und er beendete diese bemerkenswerte Korrespondenz mit dem »zur Veröffentlichung geeigneten Brief« und einer (fast) vollen Kapitulation: »Sire! Die Invasion in Frankreich verpflichtet jeden Franzosen, zur Verteidigung des Vaterlandes herbeizueilen. Als erster (!) französischer Prinz und, in dieser Eigenschaft, als Ihr erster (!) Untertan bitte ich Sie, das Angebot meines Armes und meines Rates anzunehmen. Sie werden Frankreich retten können, wenn jeder Franzose Ihrem Thron die gleiche Ergebenheit beweist wie diejenige, mit der ich Eurer Majestät meine Dienste zur Verfügung stelle!«

König ohne Land

Trotz des ihm, wie den meisten Bonaparte-Brüdern, eigenen blumigen Stils war Josephs Stellung nun geklärt.

Großzügig wie stets gegenüber jenen, die ihre Unterwerfung (mehr oder minder) freiwillig bekannten, wies Napoleon ihm das Luxembourg-Palais in Paris als Stadtresidenz zu. Seine Bezüge als »Kaiserlicher Prinz« sowie die Einkünfte aus seinen französischen Sinekuren, die während seiner Königszeit auf Betreiben Talleyrands storniert worden waren, begannen wieder zu fließen. Den Titel »Roi d'Espagne et des Indes« durfte er freilich nicht mehr führen. Als er wieder bei Hof zugelassen wurde, gestattete Napoleon ihm lediglich die Bezeichnung »Le Roi Joseph« – ohne Zusatz seines verlorenen Reiches. Die Ehefrau blieb ebenfalls immerhin »La Reine Julie«, während die Töchter Charlotte und Zenaide ihre spanischen Infantinnen-Titel ablegen mußten, aber weiterhin als französische Prinzessinnen figurierten.

Joseph durfte auch die »ausländischen« Orden von Neapel und Spanien nicht mehr tragen, doch verblieb ihm das Großkreuz der Ehrenlegion. Schließlich hatte er die Uniform seiner spanischen Garde auszuziehen, erhielt dafür aber das Recht, wie Napoleon selbst die – schon damals fast legendäre – grüne Uniform eines Obristen der kaiserlichen Gardejäger zu tragen.

Indessen: all diese Zeremonialfragen waren schon bedeutungslos geworden. Denn bereits im Geheimvertrag von Valencay am 11. Dezember 1813 – also vor jenem brüderlichen Briefwechsel! – hatte Napoleon die ihm von Carlos IV. »abgetretene« spanische Krone an dessen Sohn »zurückgegeben«, der nun als Fernando VII. in Madrid den Thron bestieg... Zuvor hatte er der Schwägerin Julie, ebenso heimlich, den Vorschlag gemacht, die Tochter Zenaide mit dem spanischen Kronprätendenten zu verheiraten. Wenn der Kaiser damit seinem Bruder eine formelle Abdankung versüßen wollte, so hat Joseph hiervon erst gar nichts erfahren – die resolute Julie lehnte den Plan von vornherein mit Entschiedenheit ab, wohl weniger ihres Mannes wegen als ihrer Tochter zuliebe, die damals erst zwölf Jahre alt war.

Damit hatte die Wirklichkeit alle politischen Projekte und Träume des Joseph überholt. Ob das historisch bedauert werden muß oder nicht, bleibt bis heute eine offene Frage.

VI. Statthalter des Kaisers

Neues Amt in Paris

Schon bald bekam Joseph eine neue Aufgabe. Es war die letzte und zugleich die bedeutendste, die er je in seinem eigenen Vaterland wahrnehmen durfte, leider auch nur für zwei kurze, zeitlich unterbrochene Perioden.

Napoleon, der zum Endkampf gegen die Alliierten in Nord- und Ostfrankreich angetreten war, ernannte ihn mit Dekret vom 28. Januar 1814 zu seinem Generalstatthalter in Paris. Damit war Joseph, unter der nur nominellen Regentschaft der Kaiserin Marie Louise, faktisch zum »Zweiten Mann im Staate« aufgestiegen. Wenn Napoleon ihm seine Stellvertretung übertrug, so zeigt das doch wieder, wie sehr er den älteren Bruder trotz aller Enttäuschungen im Grunde schätzte – und welches Vertrauen er ihm in prekärer Lage entgegenbrachte. Dieses Vertrauen hat Joseph gerechtfertigt.

Dem »König Joseph«, der selbst keinen höheren Militärrang erhielt, unterstanden jetzt Marschall Moncey sowie die Generale Hulin, Mathieu und Caffarelli. Er führte den Oberbefehl über die – hauptsächlich nur noch aus der Nationalgarde, frisch eingezogenen Rekruten und mobilisierten Gendarmen bestehenden – Truppen, mit denen er die Hauptstadt verteidigen sollte. Er hatte auch die Aufgabe, die Kriegsproduktion in Schwung zu bringen, um das Kampfheer im Felde nach Möglichkeit mit Nachschub an Kanonen und Gewehren, Pferden und Schuhen zu versorgen. Als Wesentlichstes aber hatte Napoleon ihm eingeschärft, er müsse unter allen Umständen sicherstellen, daß die Kaiserin und der kleine »König von Rom« nicht in die Hand des Feindes fielen.

Joseph tat, was er konnte, um seine Aufträge zu erfüllen. Er hob neue Truppen aus, ließ Barrikaden errichten und schickte Munitionstransporte an die Front. Aber wieder überrollten ihn die zwingenden äußeren Umstände. Im Februar 1814 schrieb er dem Bruder: »Die Dinge, Sire, sind stärker als die Menschen. Mir scheint, der wahre Ruhm liegt jetzt darin, so viel vom französischen Land und seinen Menschen zu retten, wie noch möglich ist. Wenn Sie Frieden machen können, so schließen Sie ihn um jeden Preis!« Wohl wahre Worte des einstigen »Friedensstifters«, aber der »Preis« – Verzicht auf alle territorialen »Errungenschaften der Revolution« und wohl auch Abdankung zugunsten des Sohnes – erschien Napoleon noch viel zu hoch. Er kämpfte weiter, bis die Alliierten vor den Toren der Hauptstadt angelangt waren.

Die Kapitulation

Zu großen Taten hatte Joseph keine Gelegenheit mehr; besser gesagt, er sah keinen Sinn darin, sie zu unternehmen. Sehr zu Unrecht hat man ihm die kampflose Übergabe von Paris an die verbündeten Russen, Preußen und Österreicher zum Vorwurf gemacht. In Wahrheit war diese Kapitulation ein historisches Verdienst um das französische Volk. Die Hauptstadt hätte sich mit der militärisch völlig unerfahrenen Heimat-Armee nicht erfolgreich verteidigen können, und eine zivile »Levée en masse« war angesichts der kriegsmüden Bevölkerung ganz undenkbar.

Es zeugt für Josephs realistische Vernunft, daß er den immer noch ruhmbegierigen »Eisenfressern« seiner Umgebung nicht nachgab und den Bürgern von Paris die Schrecken einer Plünderung ersparte, indem er den Rückzug der Truppen von den vorbereiteten Abwehrstellungen befahl.

Andererseits erfüllte er, so korrekt wie umsichtig, den wichtigsten Befehl, den ihm der Kaiser gegeben hatte. Er sorgte dafür, daß die Schwägerin Marie Louise mit ihrem Kind rechtzeitig Paris verlassen konnte und nicht in Gefangenschaft geriet. Daß die Kaiserin, die damals wohl schon insgeheim die Rückkehr zu »Papa«, dem österreichischen Kaiser-Vater anstrebte, an ihrer »Rettung« kaum interessiert war, steht auf einem anderen Blatt.

Nur ein Fehler fällt dem vertrauensseligen Joseph zur Last, und dafür hat ihn Napoleon auch, von seinem Standpunkt aus mit Recht, scharf gerügt. Er beließ den intriganten Herrn von Talleyrand in Paris und gab ihm damit die Gelegenheit, zu Napoleons entscheidendem Nachteil mit den Alliierten zu verhandeln. So wurde im April 1814 Napoleons erste, bedingungslose Abdankung, seine Exilierung auf der Insel Elba und die Rückkehr der Bourbonen auf den französischen Thron erzwungen.

Flucht in die Schweiz

Joseph stürzte, naturgemäß, mit dem Bruder. Er bemühte sich um einen Paß, um das Vaterland legal verlassen zu können. Der Polizeiminister Fouché wollte ihm die Ausreise nur unter der Bedingung gestatten, daß er sich verpflichtete, nicht ohne Genehmigung der neuen Regierung nach Frankreich zurückzukehren. Das wäre einer Verbannung gleichgekommen. Joseph lehnte empört ab und beschloß – während Julie sich mit den Töchtern nach Mortefontaine zurückzog und dort auch unbehelligt blieb – ohne Paß in die Schweiz zu fahren. Es begleiteten ihn sein Adjutant, General Espert, sein Privatsekretär Presle und sein Leibarzt Dr. Paroisse.

Auf der Reise fand die kleine Gruppe in Autun Unterschlupf bei Josephs altem Seminarprofessor Abbé Chardon, mit dem er freundschaftlich verbunden geblieben war, und der ihm eine großzügige Pension zu verdanken hatte. Dann, am letzten Apriltag 1814, gelang das riskante Unternehmen: Joseph und seine Vertrauten kamen unkontrolliert bei Verrières über die schweizerische Grenze.

Die Gastfreundschaft der Eidgenossen gegenüber politischen Emigranten hatte damals Tradition, und so erhielt Joseph ohne bürokratische Schwierigkeiten seine Aufenthaltsgenehmigung unter dem Inkognito-Namen »Graf von Survilliers«. Mittels seiner Diamanten, die er als handliches Fluchtkapital bei sich führte, kaufte er von einem Oberst Guiguer für 94 500.– Schweizerfranken die schöne Villa Prangins bei Nyon am Genfer See – sie ist heute noch der Sitz des dynastischen Stammhalters der Familie Bonaparte, des Prinzen Louis Napoléon, Josephs Urgroßneffen. Für nochmals 154 000.– Franken kaufte er weiteres Umland und errichtete die »Ferme de la Bergerie«.

Wenn Biograph Girod de l'Ain meint, Joseph habe in der Schweiz »seine Umgebung ebenso organisiert wie Bruder Napoleon die Insel Elba«, so ist das wohl etwas übertrieben. Immerhin konnte Joseph nur als Privatmann für seine eigene wirtschaftliche Etablierung sorgen, während der entthronte Kaiser sein rückständiges Mini-Fürstentum zu einem wohlfunktionierenden, blühenden Kleinstaat entwickelte.

Während der zehnmonatigen Regierungszeit Napoleons auf Elba blieb Joseph in seinem Exil nicht ganz unbelästigt. Der unverwüstliche Herr von Talleyrand, nun auch bei den Bourbonen wieder französischer Außenminister, betrieb ernsthaft seine Auslieferung, weil er politische Aktivitäten des prominenten Kaiserbruders befürchtete. Joseph sah sich genötigt, seine Schwägerin, die Bernadotte-Gattin Désirée, um Intervention zu seinen Gunsten am Pariser Hof zu bitten – sie erschien hierzu geeignet, weil ihr Ehemann, der Schwedenkönig, sich auf die Seite der Alliierten geschlagen hatte. Prompt erhielt Joseph ein Schreiben des neuen Herrschers Louis' XVIII. – der gewiß ein mäßiger König, aber ein Ehrenmann von königlicher Mäßigung war. Der ebenso knappe wie klare Brief lautete: »Wir freuen Uns zu erfahren, daß der Schwager der Königin von Schweden in der Schweiz glücklich ist«. Das war alles, aber die diplomatische Sottise genügte vollauf – von da an hatte Joseph in der Schweiz seine Ruhe, jedenfalls vor dem eigenen Vaterland.

Auch an gesellschaftlichem Umgang mit anderen französischen Emigranten von Geist und Lebensart fehlte es nicht. So pflegte Joseph regen Besuchsverkehr mit seiner Grundstücks-Nachbarin, Madame de Staël, auch mit dem Schauspieler Talma und mit Madame Récamier – einer Tochter der Revolution, die mit dem nach ihr benannten Sofa in die Geschichte der Möbelkultur eingegangen ist...

Das letzte Staatsamt

Nach Napoleons Rückkehr von Elba begab sich Joseph als getreuer Paladin des Bruders im März 1815 wieder nach Paris. Damit entkam er – was er selbst zu diesem Zeitpunkt aber nicht wußte – einem erneuten Auslieferungsersuchen, das diesmal kein anderer als Metternich im Namen Österreichs an die schweizerische Regierung gerichtet hatte. Joseph vergrub seine restlichen Diamanten und seine Papiere im Garten der Villa Prangins, wo er sie später bergen lassen konnte.

Ehefrau Julie war von seiner Anreise nicht unterrichtet worden, und sie quittierte sein jähes Erscheinen mit der etwas spitzen Bemerkung: »Welcher Zufall führt Dich hierher – ?« Da irrte Julie: dies war kein Zufall, sondern ein mutiger, ehrenhafter Entschluß.

Napoleon wußte Josephs unerschütterliche Loyalität zu würdigen, empfing ihn sofort nach seiner Ankunft mit Herzlichkeit und übertrug ihm erneut, während er selbst wieder in Belgien und Nordfrankreich kämpfte, das Amt des Generalstatthalters. Da Joseph zudem den Vorsitz im Ministerrat und die Regentschaft des Reiches übernehmen durfte, war er jetzt auch formell »Zweiter Mann« nächst dem Kaiser. Er residierte im Elysée-Palast, einige Wochen sogar in den Tuilerien. Ein (freilich auf dem Papier stehengebliebenes) Jahreseinkommen von einer Million Francs wurde ihm bewilligt – gar mit der Zusage, dies solle vom Jahr 1816 an verdoppelt werden... Lediglich die Titulatur wurde noch einmal zu seinem Nachteil verändert: er war nicht mehr »der König Joseph«, sondern nur noch »der Prinz Joseph«, was ihn denn doch sehr schmerzte.

Es verdient Erwähnung, daß er nach der Schlacht von Waterloo, als Untergangsstimmung und allgemeine Verzagtheit herrschte, auch bei Napoleon selbst jegliche Entschlußkraft vernichtet war, das Empire noch keineswegs verloren gab. Damals schrieb er dem Bruder: »Kehren Sie zur Armee zurück und lassen Sie mich in Paris Ihre Sache politisch ausfechten! Sie werden Kaiser bleiben können in einem Frankreich, das auf seine alten Grenzen zurückgeführt ist!«

Das wäre, wie wir heute wissen, wohl eine sinnlose Bemühung gewesen, denn das Jahr 1815 war nicht mehr das Jahr 1814. Aber diese Haltung Josephs ist ein letzter Beweis dafür, wie sehr er sich immer als Anwalt des Rechts im besten Sinne, als Diplomat und Staatsmann, als »Pacificateur« wie in seinen juristisch-politischen Anfängen gefühlt hat – nichts gab es, so glaubte er, was der Verhandlung nicht zugänglich war, was nicht durch beiderseitiges Nachgeben, durch Klugheit und Mäßigung friedlich bereinigt werden konnte. Josephs Stärke, ja Größe, wie aber auch seine Tragik wird hier noch einmal sehr deutlich.

Es nützte alles nichts mehr. Napoleon mußte zum zweiten Mal abdanken, floh in die südfranzösische Hafenstadt Rochefort und dann auf die kleine Insel Aix. Dort verbrachte er im Häuschen des Hafenmeisters eine heiße Juliwoche in dumpfem Brüten, was er nun tun sollte.

Ein selbstloses Angebot

Joseph eilte ihm – nur begleitet von seinem treuen spanischen Ordonnanzoffizier, Major Unzaga, und seinem Kammerdiener Mailliard – dorthin nach und wäre unterwegs, zwischen Saintes und Cognac, beinahe von royalistischen Truppen füsiliert worden, die ihn für Napoleon hielten; eine kaisertreu gebliebene Einheit der Nationalgarde konnte ihn mit knapper Not befreien.

Aus diesem gefährlichen Erlebnis wuchs der Entschluß zu dem selbstlosesten Angebot, das je ein Bonaparte einem anderen Bonaparte gemacht hat. Joseph mietete für 18000.– Francs eine amerikanische 200-Tonnen-Brigg, die – mit dem Bestimmungs- und Heimathafen Charlestown/USA – bei Rochefort vor Anker lag. Dann schlug er dem Bruder vor, dieser möge sich als »Prinz Joseph« zu Wasser nach Amerika durchschlagen, während er selbst sich als »Kaiser Napoleon« in die Kriegsgefangenschaft mit ungewissem Schicksal begeben wollte.

Der Plan hätte – mindestens solange, bis Napoleon auf hoher See in Sicherheit gewesen wäre – Aussicht auf Erfolg gehabt. Beide Brüder trugen die gleiche grüne Obristen-Jägeruniform der Garde, nach Statur und Aussehen konnte man sie, wenn man sie nicht von Angesicht kannte, bis zum zweiten oder dritten Blick miteinander verwechseln.

Ob Joseph die möglichen Konsequenzen dieses Plans zutreffend erkannt hat? Da er (ebenso wie Napoleon) nicht ahnen konnte, daß dem gestürzten Kaiser die ewige Gefangenschaft auf St. Helena vorausbestimmt war, so mochte er wohl (nochmals: wie Napoleon!) auf ein großzügiges Exil in England hoffen – falls er als vermeintlicher »Napoleon« von den Briten, deren Kriegsschiffe vor der Küste kreuzten, gefangengenommen wurde. Aber letzteres war ja höchst ungewiß. Joseph war gerade seiner eigenen Erschießung durch Franzosen entgangen, und er kannte das fürchterliche Schicksal seiner Soldaten, die in Spanien in feindliche Hände geraten waren. Einem solchen Los mußte auch er entgegensehen, bevor die Engländer überhaupt eingreifen konnten. Und die Wut der Gegner mußte sich verdoppelt über ihm entladen, sobald der Personen-Schwindel entdeckt worden wäre.

Man mag es drehen und wenden wie man will (spekulierende Historiker haben es reichlich getan): hier endet jede Möglichkeit der Erklärung mit Hinweis auf Josephs »phlegmatische Immobilität« oder seinen »philosophischen Gleichmut«, denn ohne Intelligenz und Phantasie war Joseph eben nicht – er konnte und mußte die Folgen seines Handelns übersehen. Nein, hier tritt ein persönlicher Opfermut, ein ungewöhnliches familiäres Ethos, eine stoische Tapferkeit ganz unprätentiös zutage – Tugenden, mit denen der älteste Bonaparte über sich selbst hinausgewachsen ist, zumindest in jenem historischen Augenblick.

Napoleon erwies sich des Angebots als würdig, indem er es ablehnte. Joseph schickte seinen Diener Mailliard zur Insel Aix, um den Entschluß des Kaisers zu erfahren. Die Antwort lautete: »Sagen Sie dem König (!) Joseph, daß ich über seinen Vorschlag nachgedacht habe. Ich kann ihn nicht annehmen. Es wäre eine Flucht. Ich kann Frankreich nicht im Stich lassen. Ich kann nicht weggehen ohne meine Offiziere, die mir treugeblieben sind. Mein Bruder kann dies tun. Er ist weder in meiner Lage noch in meiner Stellung. Sagen Sie ihm, er solle sofort nach Amerika abfahren. Er wird dort gut ankommen«.

Passage nach Amerika

So ging der Kaiser im Morgengrauen des 14. Juli 1815 an Bord der Fregatte »Bellerophon«, in die englische Gefangenschaft, und wurde dann nach St. Helena deportiert. Joseph verbrachte noch einige angstvolle Tage auf dem Festland. Ein mutiger Kaufmann, Monsieur Pellereau, versteckte ihn in seinem Landhaus, bis der USA-Vizekonsul in Rochefort die nötigen Pässe ausgestellt und Visa für die Vereinigten Staaten erteilt hatte.

In der Nacht vom 24. zum 25. Juli ging Joseph unter dem Decknamen »Monsieur Bouchard« und kleinstem Gefolge (man hatte noch Wäsche und Schuhe einkaufen müssen) an Bord der Brigg »Commerce«. Einer der Joseph-Begleiter war Michel Bouvier, Waterloo-Kämpfer und Ururgroßvater von Jacqueline Bouvier, Ehefrau des USA-Präsidenten Kennedy und des Reeders Onassis. Bald nach der Abfahrt wurde das Schiff von einer englischen Korvette angehalten und kontrolliert. »Monsieur Bouchard« gab vor, seekrank zu sein, legte sich in das Bett seiner Kajüte und blieb unentdeckt.

Am 28. August 1815 landete Joseph Bonaparte – gesund, sicher und frei – an der nordamerikanischen Küste bei Brooklyn. Unterwegs hatte er die Passagiere und die Besatzung unterhalten, indem er französische und italienische Gedichte auswendig rezitierte, für anspruchsvollere Hörer auch ganze Passagen aus den Dramen von Corneille und Racine vortrug. Selbst der Kapitän Misserey hatte nur gewußt, daß er »eine bedeutende Persönlichkeit der Revolution oder des Empire« transportierte. Als er Josephs Identität kurz vor der Landung erfuhr, zeigte er sich begeistert und erklärte spontan, er hätte lieber sein Schiff versenkt, als es von den Engländern visitieren zu lassen – wenn er das Risiko der Entdeckung dieses Mannes geahnt hätte.

Kaltblütig lächelnd hatte Joseph geantwortet: »Das eben, Herr Kapitän, habe ich vermeiden wollen«.

VII. Das Exil und die zähe Hoffnung

Monsieur Bouchard wird erkannt

Auf Josephs Wunsch bewahrte der wackere Kapitän zunächst Stillschweigen über den Namen seines hohen Passagiers. Joseph verbrachte seine ersten Tage auf amerikanischem Boden in der Familienpension einer Mrs. Powell in New York, weiterhin als »Monsieur Bouchard«, und streckte die Fühler aus, um irgendwo eine ruhige Niederlassung zu finden. Bald liefen Gerüchte um, der schweigsame Gast sei in Wirklichkeit der berühmte Alt-Revolutionär und Republikaner Carnot, und das stand sogar in der Zeitung »Evening Post« geschrieben.

Man muß bedenken, daß es damals ja noch keine Fotos gab, die eine rasche Identifizierung jeglicher Prominenz ermöglicht hätten – wer oder was ein Mensch war, konnten nur diejenigen wissen, die ihn früher schon einmal gesehen hatten.

Josephs relativ rasche Entdeckung beruhte auf reinem Zufall und glich (wie so manches im Leben der Bonaparte-Familie) einer bühnenreifen Theaterszene: Joseph geht auf dem Broadway spazieren; ein emigrierter Offizier seiner spanischen Leibgarde erkennt den einstigen König; er wirft sich Joseph zu Füßen, küßt seine Hände, bricht in Tränen aus und schreit: »Eure Majestät sind hier! Majestät! Majestät!« Ein Volksauflauf entsteht, das Spektakel ist perfekt, und am nächsten Tag ist die Sensationsmeldung in den Schlagzeilen aller New Yorker Zeitungen zu lesen.

Joseph, dem die Affäre eher peinlich war, reagierte sofort und tat auch diesmal das Richtige. Er begab sich zum New Yorker Bürgermeister Radcliffe, bekannte sich zu seiner Identität als Napoleon-Bruder und Ex-König, nahm gleichzeitig das Inkognito-Privileg der Souveräne in Anspruch und führte von nun an wieder (bis zu seinem Tode) den Namen »Graf von Survilliers«. Dann fuhr er in die Hauptstadt Washington und ersuchte Präsident Madison um eine Audienz. Immerhin war ja sein Paß auf einen falschen bürgerlichen Namen ausgestellt, und er befürchtete immer noch seine Auslieferung an die alliierten Mächte Europas oder gar an das bourbonische Frankreich.

Der USA-Präsident empfing ihn zwar nicht – womit er einen Rat seines Staatssekretärs Monroe befolgte, der schon vor seiner eigenen Präsidentschaft die später nach ihm benannte Doktrin entwickelt hatte, daß die Vereinigten Staaten sich nicht in europäische Angelegenheiten (und umgekehrt) einmischen sollten. Aber es wurde dem Grafen von Survilliers verbindlich mitgeteilt, daß er sich frei und unbehindert in den USA bewegen und aufhalten dürfte, in Ausübung der Rechte, die allen amerikanischen Bürgern zuständen.

Der Graf von Survilliers etabliert sich

Der zivile Durchbruch war geschafft, und mit Eifer ging Joseph an seine Etablierung. Obwohl sein Landgut Mortefontaine von der bourbonischen Regierung zunächst beschlagnahmt wurde, war sein riesiges Vermögen von 20 Millionen Francs beim Pariser Bankier Laffitte in sicherer Obhut und konnte ebenso rasch in die Neue Welt transferiert werden wie der unschätzbare Bestand an Gemälden und Juwelen, die er in der Schweiz hatte zurücklassen müssen. Auch Tafelsilber, Porzellan und eine Bibliothek von 8000 Büchern konnten von Mortefontaine und Prangins über den Ozean geschafft werden.

Zunächst kaufte Joseph ein Stadthaus in Philadelphia, das zuvor dem Generalstaatsanwalt der Vereinigten Staaten gehört hatte. Dann erkundete er per Kutsche – und in Begleitung eines Dolmetschers, denn die englische Sprache hat er (wie Napoleon) nie brauchbar gelernt – die Umgebung. Er erwarb in Point Breeze bei Bordentown, zwischen New York und Philaldelphia, für 125 000.– Dollar eine große Farm von 800 Hektar mit Wiesen und Wäldern. Für die Errichtung eines palastähnlichen Wohngebäudes mit Dienerhäusern und Stallungen mußte er nochmals 300 000.– Dollar aufwenden.

Es war exakt jene Gegend, die Napoleon früher einmal dem Bruder auf der Landkarte gezeigt hatte mit dem Bemerken: »Wenn all meine Pläne mißlingen und ich Europa verlassen muß, dann würde ich mich hier zwischen New York und Philadelphia ansiedeln – denn hier könnte ich am schnellsten die Nachrichten erfahren, die von Frankreich aus in den amerikanischen Häfen ankommen...« Wir wissen nicht, ob dieser Hinweis für Josephs Wahl entscheidend war; mitbestimmend ist er vermutlich gewesen.

Pastorale des »Gentleman Farmer«

Joseph konnte von nun an das Leben eines begüterten »Gentleman Farmer« führen. Er zählte erst 47 Jahre, als er dieses Leben begann, und mehr als zweieinhalb Jahrzehnte hat er es geführt. Vielleicht entsprach es, nach dem Scheitern seiner Ideen und Hoffnungen in vielfältigen

Funktionen, seiner wahren Natur. Er kümmerte sich um Viehzucht, um Land- und Forstwirtschaft, nahm am Kulturleben in New York und Washington teil, zog Schriftsteller und Künstler an seinen Ersatz-Hof. Auch schrieb er seine Memoiren, zudem Gedichte und Novellen, und führte eine lebhafte Korrespondenz mit Bonapartisten in Europa, vor allem natürlich mit der eigenen Familie. Sein Gutsintendant war der Vater des James Fennimore Cooper, der später das indianische »Lederstrumpf«-Epos verfaßt hat.

An Besuchern fehlte es Joseph auch in der Neuen Welt nicht. Exil-Franzosen und Exil-Spanier, ebenso wie prominente Amerikaner, gingen bei ihm ein und aus. Selbst die Präsidenten Monroe und Adams waren seine Tischgäste. Er pflegte auch häufigen Kontakt mit seiner amerikanischen Schwägerin Elisabeth Patterson, der ersten, geschiedenen Ehefrau seines Bruders Jerome und deren Sohn, in Amerika kurz »Bo« (für Bonaparte) genannt. Da diese Verwandten nicht mehr in guten wirtschaftlichen Verhältnissen lebten, hat er sie mehrfach von ihren Schulden befreit.

Dollars für Napoleon

Die Behauptung einiger Historiker wie Stacton und Presser, Joseph habe für den auf St. Helena gefangenen Bruder »keinen Finger mehr gerührt«, ist unwahr. Selbstverständlich konnte er, der in Europa selbst ein Geächteter war, nicht unmittelbar für eine Befreiung des Bruders tätig werden. Ansonsten aber hat er getan, was in seinen Möglichkeiten stand.

Er wandte mindestens zwei Millionen Dollar aus eigenem Vermögen auf, um die enormen Kosten der napoleonischen Haushaltführung (die England schon ab 1816 nicht mehr bezahlen wollte) zu decken; immerhin haben ja fast fünfzig Franzosen freiwillig das Exil ihres Kaisers geteilt, und sie alle mußten besoldet und beköstigt werden. Sämtliche Rechnungen, die General Bertrand, Napoleons Haushofmeister auf der Insel, ihm übersandte, hat Joseph umgehend, verschwiegen und ohne jede Nachprüfung bezahlt. Er nahm auch mehrere Diener Napoleons, die St. Helena wieder verlassen hatten, in seinen persönlichen Dienst auf. Andere überschüttete er mit Geldgeschenken und sorgte für den Druck und die Verbreitung ihrer Memoiren.

Damit hat Joseph mehr für Napoleon gewirkt als die meisten anderen Mitglieder der Bonaparte-Familie, insbesondere mehr als die ebenso schwerreiche wie geizige Mutter Letizia, die sich in ihrem römischen Palazzo Falconieri auf Jammern, Wehklagen und Briefeschreiben beschränkte.

Besonderer Dank des Bruders ist ihm dafür nicht zuteilgeworden. Napoleons Urteil über ihn blieb so widersprüchlich, wie es eigentlich immer gewesen war. In seinen Reflexionen, die der Graf Las Cases für das »Mémorial de Sainte-Hélène« aufzeichnete, hieß es einmal, der ältere Bruder sei der einzige Mensch, der ihm wahrhaft nahegestanden habe – und dann wieder brach es heraus: »Dieser Schafskopf Joseph, der in Spanien alles verbockt hat – !« Aber der so weit entrückte Joseph hat das nicht erfahren und konnte sich nicht mehr darüber ärgern...

Der Ehrgeiz bleibt gebremst

Politische Ambitionen flackerten gelegentlich noch auf. Nach Napoleons Tod im Jahre 1821 betrachtete sich Joseph wieder als Oberhaupt der Bonapartes und bemühte sich aus der allzu großen Ferne ebenso zäh wie vergeblich um die Wiederherstellung »seiner« Dynastie in Frankreich. Nach der Juli-Revolution von 1830 und dem Sturz des Bourbonenkönigs Charles' X. richtete er einen Appell an das französische Parlament, in dem er – als Onkel des damals noch in Wien lebenden »Königs von Rom«, Napoleons II. – die Regentschaft Frankreichs »ad interim« beanspruchte. Der Aufruf blieb unbeantwortet; neuer König wurde Philipp von Orléans.

Joseph gründete und redigierte auch eine Zeitung für die französischen Emigranten in den Vereinigten Staaten – bis die Regierung ihm taktvoll zu verstehen gab, er möge sich doch lieber aus diesem politischen Unternehmen zurückziehen. Als die Reisebeschränkungen für alle Mitglieder der Bonaparte-Familie in Europa gefallen waren, fuhr Joseph insgesamt dreimal nach London, wo er ebenso erfolglos versuchte, Verbindungen zu englischen Regierungskreisen und französischen Regimegegnern anzuknüpfen. Übrigens ist er später auch in Deutschland gewesen; 1839 hat er mehrere Wochen in Baden-Baden und im württembergischen Kurort Wildbad verbracht.

Vor gefährlichen, von vornherein aussichtslosen politischen Eskapaden bewahrte ihn seine Klugheit. Als Mexiko seine Unabhängigkeit von Spanien erreicht und sich zur Republik erklärt hatte, wollten royalistisch gesinnte Offiziere ihn bewegen, sich in Texas zum »König von Mexiko« proklamieren zu lassen. Joseph antwortete: »Jeder Tag, den ich in den gastfreundlichen Vereinigten Staaten verbringe, läßt mich den hohen Wert erkennen, den die republikanische Staatsform für ganz Amerika ausmacht. Bewahren Sie diese Staatsform als ein Geschenk des Himmels auch für Mexiko!« Hätte Josephs Neffe, der spätere Franzosenkaiser Napoleon III., auch so vernünftig gedacht, dann wäre das tollkühne Abenteuer eines »mexikanischen Kaiserreichs«, das mit der Erschießung des unglücklichen österreichischen Erzherzogs Maximilian endete, wohl vermieden worden.

Auch Oppositionskreise in Portugal und in Griechenland trugen Joseph die Thron-Prätendentschaften ihrer Länder an. Er lehnte sie – wohl in Erkenntnis der allzu vagen Aussichten – mit dem Bemerken ab, er habe schon zwei Kronen getragen und sei einer dritten nicht bedürftig...

In England ist er einmal mit dem berühmten General Mina, einem der Führer des spanischen Aufstands zu seiner Regierungszeit, zusammengetroffen und hat sich mit ihm versöhnt. Der große Partisanenheld sagte ihm: »Wir Spanier hätten Sie als König anerkannt, wenn Napoleon nur seine Truppen aus unserem Land zurückgezogen hätte«. Mina hatte wohl keinen Anlaß mehr, dem »Rey intruso« zu schmeicheln – wie auch immer, Joseph hat das mit Genugtuung gehört.

Der private Kreis

Josephs Ehefrau Julie hat ihren Fuß niemals auf amerikanischen Boden gesetzt, obwohl er sie mehrfach (nicht sehr nachdrücklich) darum gebeten hat. Einmal war sie schon bis Antwerpen gereist und stand kurz vor der Einschiffung, die sie dann aber (aus nicht geklärten Gründen) in letzter Minute wieder absagte. Allerdings litt sie unter verschiedenen Krankheiten, insbesondere schwerem Rheuma, das eine Seefahrt nicht leicht erträglich machte. Julie lebte mit den Töchtern zunächst in Frankfurt, dann in Brüssel. Sie hatte, im Einverständnis mit Joseph, die Besitzungen Mortefontaine und Prangins an Strohmänner gegen Leibrenten veräussern können, und von den entsprechenden Einkünften hatte sie mehr als das Nötige zum Leben; auch Joseph hat fallweise mit Geldüberweisungen ausgeholfen.

Wichtigstes gemeinsames Anliegen der Eheleute blieb eine standesgemäße Verheiratung der herangewachsenen Kinder Zenaide und Charlotte. »Er kann seine Töchter nicht amerikanischen Kaufleuten zu Frauen geben«, hatte Napoleon noch auf St. Helena bemerkt, »es kommen nur römische Fürsten oder Prinzen in Frage!« Joseph und Julie dachten nicht anders. Die eigene Familie bot die nächste Wahl – zwei Vettern verbanden sich mit ihren Kusinen.

Zenaide wurde mit dem ältesten Sohn des Joseph-Bruders Lucien verheiratet, der den väterlichen Titel eines päpstlichen »Fürsten von Canino und Musignano« erbte und ein weltbekannter Ornithologe wurde; ein Sohn des Paares ist 1868 zum Kardinal aufgestiegen, und Nachkommen der Töchter leben heute noch unter dem Namen der Barone del Gallo di Roccagiovine in Italien.

Charlotte vermählte sich mit einem Sohn des Joseph-Bruders Louis, des einstigen Königs von Holland. Sie starb schon 1839, vor ihren Eltern, im Alter von 37 Jahren, ohne Nachkommen zu hinterlassen. Sie hatte ihren Vater einmal für mehrere Monate in Amerika besucht, wo Joseph ihr die Niagara-Fälle zeigen konnte.

Der ausdauernde Strohwitwer Joseph fand in der neuen Heimat auch neue Mätressen. Zunächst faszinierte ihn

Madame Sari, eine emigrierte Korsin; ihr Ehemann hatte als Marineoffizier auf der Brigg »Inconstant« gedient, mit der Napoleon von Elba nach Frankreich zurückgekehrt war. Länger dauerte die Beziehung zu Miss Anne Savage, mit der Joseph zwei illegitime Töchter hatte.

VIII. Ausklang in Florenz

Die letzten Jahre

Joseph ist weder geistig noch körperlich vorzeitig gealtert, aber in der zweiten Hälfte seiner sechziger Jahre war er schwach und kränklich geworden. Gicht und Nierensteine plagten ihn, er hatte auch mehrere kleine Schlaganfälle erlitten, die zeitweise seinen linken Arm lähmten. Eine »Gefahr für Europa« konnte dieser Mann, beim schlechtesten Willen aller Republikaner und Reaktionäre in den neuformierten oder restaurierten Staaten, nicht mehr darstellen.

So gestattete ihm der Großherzog der Toskana im Jahre 1841 die Rückkehr in die alte Heimat der Bonaparte-Familie. Joseph hatte um dieses Asyl gebeten, um den Rest seines Lebens dort mit Julie und den Familien der Töchter zu verbringen, auch um den Brüdern Louis und Jerome, die ebenfalls in Italien wohnten, näher zu sein; Lucien war dort schon 1840 gestorben. Julie hatte die letzte Zuflucht im Palazzo Serristori zu Florenz vorbereitet und eingerichtet. Mit ihr nach 26 Jahren wieder in Harmonie vereint, lebte Joseph dort noch drei Jahre. Es war still um ihn geworden. Die Besucher machten sich rar, die Alten waren schon tot oder hatten ihn vergessen, und für die Jungen war er nur noch ein Phantom aus kaum bekannter Vorzeit, ohne Glanz und Glorie.

In seinem Testament, das er vor einem florentinischen Notar errichtete, setzte Joseph seine Frau zur Alleinerbin ein, ordnete jedoch zahlreiche Vermächtnisse zugunsten seiner Enkel und Neffen an und bedachte auch die Nachkommen jener Männer, die ihm in Frankreich, Neapel, Spanien und USA treu gedient hatten. Solange die Bedachten noch minderjährig waren, sollte Julie die Nutzniessung an den Legaten zustehen.

In den Armen seiner Frau starb am 28. Juli 1844, im Alter von 76 Jahren, Joseph Napoleon Bonaparte – Erstgeborener der Familie, Doktor der Rechte, Rechtsanwalt, Richter, Bürgermeister und Distriktspräsident, Revolutionär Scaevola, Freimaurer fünften Grades, Kriegskommissar der Republik, Botschafter des Direktoriums, »Pacificateur« des Konsulats, Senator und Großwahlherr des Empire, Großkreuz der Ehrenlegion, Obrist der Garde, Mitglied der Pariser Akademie der Schönen Künste, König von Neapel, König von Spanien und von Indien, Generalstatthalter des Kaisers, Monsieur Bouchard, Graf von Survilliers.

Josephs Sarg ruhte bis 1862 in der Kirche Santa Croce zu Florenz neben der so früh verstorbenen Tochter Charlotte. Er wurde dann auf Veranlassung des Neffen, Kaiser Napoleon III., nach Paris in den Invalidendom gebracht, wo Joseph mit seinem großen Bruder nun vereinigt ist. Julie hat ihren Mann nur um ein Jahr überlebt. Die Tochter Zenaide ließ ihr einen schlichten Grabstein mit dem Namen »Julie Clary Bonaparte« in der Kirche Santa Croce setzen.

Ein bewegtes, ein buntes, ein ruheloses Leben. Auch ein großes Leben – ? Wir müssen es für den »Roi malgré lui«, den König trotz seiner selbst, den verhinderten Staatsmann, wohl bejahen – selbst »malgré Napoléon, der über ihn auf St. Helena sagte: »Joseph ist gutwillig und hochgebildet, aber seine Tugenden bestimmten ihn eher für ein privates Leben. Er hat keinen Ehrgeiz. Er ist mir sehr ähnlich, aber er ist ein besserer Mensch als ich – zu gut, um ein großer Mann zu sein«.

Die historische Gerechtigkeit sollte im letzten Punkt dem Kaiser widersprechen.

Joseph hat sich selbst überwunden, ist über sich hinausgewachsen und hat Entwicklungen mitbestimmt, die über seine irdische Zeit hinaus wirksam waren. Die Spuren seines Wirkens in Süditalien sind bis heute sichtbar – womit nicht nur die geretteten Ruinen von Pompeji gemeint sind – und die Verfassung, die er Spanien gab, blieb auch nach seiner Vertreibung fast hundert Jahre lang unverändert. Sein Charakterbild ist keineswegs makellos, es weist Fehler und Schwächen in mancher Hinsicht auf. Aber daß er ein ehrlicher, wohlmeinender, auch tüchtiger Mann war, das ist zu seinen Lebzeiten nicht ernsthaft bestritten worden.

Wenn es denn richtig wäre, daß die Politik den Charakter verderben müsse und der gute Mensch für die Staatskunst nichts tauge, dann hätte Joseph in der Tat nicht mehr erreicht als das mittlere Maß, auf das ihn Napoleon (vielleicht wider besseres Wissen) verweisen wollte.

Aber wer diese These mit guten Gründen, ja mit Leidenschaft, für falsch hält, wird sich dem hohen Respekt nicht verschließen können, den Joseph Bonapartes Leben und Werk, vor den Zeitgenossen und vor der Geschichte, verdient hat.

Zeittafel

1764 Heirat der Eltern Josephs (Carlo de Buonaparte und Letizia Ramolino) in Ajaccio/Korsika.

1768 Joseph Nabolion (Giuseppe) wird am 7.1. in Corte/Korsika geboren.

1769 Josephs Bruder Napoleon wird in Ajaccio geboren.

1785 Tod des Vaters Carlo in Montpellier. Joseph beginnt das Studium der Rechte in Pisa.

1788 Joseph promoviert zum Doktor beider Rechte. Er wird als französischer Advokat zugelassen, übernimmt die väterliche Anwaltspraxis, wird später Richter, stellvertretender Bürgermeister und Distriktspräsident in Ajaccio.

1789 Ausbruch der französischen Revolution.

1793 Joseph muß Korsika verlassen. Er wird Kriegskommissar der französischen Heeresverwaltung und erreicht den Dienstgrad eines Bataillonschefs (Commandant-Major).

1794 Heirat mit Julie Clary.

1796 Joseph wird Gesandter beim Herzogtum Parma, dann Botschafter beim Papst in Rom.

1797 Joseph schlägt die Ernennung zum Botschafter in Berlin aus. Er wird Abgeordneter des Parlaments und kauft das Landgut Mortefontaine bei Survilliers.

1799 Bruder Napoleon wird Erster Konsul. Joseph wird Mitglied des Staatsrats.

1800 Joseph schließt die Konvention von Paris mit den Vereinigten Staaten von Amerika.

1801 Joseph schließt den Vertrag von Lunéville mit Österreich und das französische Konkordat mit dem Hl. Stuhl. Geburt der Tochter Zenaide.

1802 Joseph schließt den Friedensvertrag von Amiens mit England. Paris feiert ihn als »le Pacificateur«. Er wird Senator von Frankreich und Großoffizier der Ehrenlegion. Geburt der Tochter Charlotte.

1804 Bruder Napoleon wird Kaiser der Franzosen. Joseph, inzwischen Oberst der Garde, wird Kaiserlicher Prinz, Großkreuz der Ehrenlegion und Großwahlherr. Er lehnt die Krone des Königreichs Italien ab.

1805 Schlacht von Austerlitz und Friede von Pressburg.

1806 Joseph wird König von Neapel. Er reformiert einen rückständigen Feudalstaat.

1808 Joseph wird als »Don José Primero« König von Spanien (»und von Indien«). Er bemüht sich erfolglos um die Liebe seiner Untertanen.

1813 Nach Bürgerkrieg und verlorenen Schlachten muß Joseph Spanien verlassen. In Frankreich bleibt er »le Roi Joseph«.

1814 Joseph wird Generalstatthalter des Kaisers. Nach Napoleons erster Abdankung flieht er in die Schweiz und kauft die Villa Prangins, heute Stammsitz der Familie Bonaparte.

1815 Napoleon kehrt von Elba nach Frankreich zurück. Joseph wird erneut Generalstatthalter. Schlacht von Waterloo. Nach Napoleons zweiter Abdankung zieht Joseph sich in die Vereinigten Staaten zurück. Er kauft eine Farm bei Point Breeze und beginnt, als »Graf von Survilliers« das Leben eines Landedelmanns zu führen.

1821 Napoleon stirbt auf St. Helena. Joseph sieht sich als

»Haupt der Dynastie Bonaparte«. Er bleibt politisch interessiert und unternimmt in der Folgezeit einige Reisen nach Europa. Die ihm angetragenen Kronen von Mexiko, Portugal und Griechenland lehnt er ab.

1839 Tod der Tochter Charlotte.

1841 Joseph darf seinen Wohnsitz in die Toskana verlegen. Seine letzten Jahre verbringt er dort.

1844 Joseph stirbt in Florenz am 28.7. im Alter von 76 Jahren.

1845 Tod der Ehefrau Julie.

1854 Tod der Tochter Zenaide.

1856 Josephs Memoiren werden in Paris veröffentlicht.

1862 Josephs Leichnam wird von Florenz in den Invalidendom zu Paris überführt.

Literatur

Amelunxen, König und Senator. Jerome und Lucien – Zwei Brüder Napoleons. Hamburg 1980.

Amelunxen, Carlo Buonaparte, Vater Napoleons. Porträt eines vergessenen Patrioten. Köln/Berlin/Bonn/München 1984.

Amelunxen, Napoleon, Fürst von Elba. Empire in Miniatur 1814–1815. Berlin/New York 1986.

Amelunxen, Napoleon auf St. Helena. Privatdruck o. J. (1982).

Aretz, Glanz und Untergang der Familie Napoleons. Wien/Leipzig/Olten 1937.

Artola, Los Afrancesados. Madrid 1953.

Bainville, Napoleon. München 1950.

Bertin, Joseph Bonaparte en Amérique. Paris 1893.

Bertrand, Cahiers de Sainte-Hélène. Paris 1949–1951.

du Casse, Memoires du Roi Joseph (publiés, annotés et mis en ordre). Paris 1856.

Corsing, Jean Baptiste Bernadotte. Berlin 1946.

Cronin, Napoleon. Hamburg/Düsseldorf 1973.

Fugier, Napoléon et l'Espagne. Paris 1930.

Geer, Napoleon and his family. London 1928–1929.

Girod de l'Ain, Joseph Bonaparte – Le Roi malgré lui. Paris 1970.

Gregorovius, Korsika. Stuttgart/Tübingen 1854.

Kircheisen, Napoleon und die Seinen. München 1914.

Las Cases, Mémorial de Sainte-Hélène. Paris 1951.

Marmottan, Joseph Bonaparte à Mortefontaine. Paris 1968.

Masson, Napoléon et sa famille. Paris 1897–1919.

Morel, La Corse. Paris 1951.

Narbonne, Joseph Bonaparte – Le Roi philosophe. Paris 1949.

Orieux, Talleyrand ou le sphinx incompris. Paris 1970.

Palmer, Metternich. Düsseldorf 1977.

Presser, Napoleon. Das Leben und die Legende. Stuttgart 1977.

Rambaud, Naples sous Joseph Bonaparte. Paris 1911.

Stacton, Die Bonapartes. Wien/Hamburg 1968.

Thiry, La Guerre d'Espagne. Paris 1966.
Trenard, La résistance espagnole à l'invasion francaise. Paris 1971.
Tulard, Napoleon oder der Mythos des Retters. Tübingen 1979.
Versini, M. de Buonaparte, ou le livre inachevé. Paris 1977.
Villa-Urrutia, El Rey José Napoléon. Madrid 1929.
Wertheimer, Die Verbannten des Ersten Kaiserreichs. Leipzig 1897.
Wichterich, Sein Schicksal war Napoleon. Leben und Zeit des Kardinalstaatssekretärs Ercole Consalvi. Heidelberg 1951.
Wohlfeil, Napoleonische Modellstaaten. Napoleon I. und die Staatenwelt seiner Zeit. Freiburg 1969.
Wouters, Les Bonaparte depuis 1815. Brüssel 1847.

Schuld und Strafe
Studien zur Strafrechtsdogmatik
Von Prof. Dr. Dr. h. c. Arthur Kaufmann
2., durchgesehene Auflage
1983. XIV, 268 Seiten. Leinen DM 96,–
ISBN 3-452-19510-4

Strafrecht zwischen Gestern und Morgen
Ausgewählte Aufsätze und Vorträge
Von Prof. Dr. Dr. h. c. Arthur Kaufmann
1983. XII, 226 Seiten. Leinen DM 80,–
ISBN 3-452-19511-2

Rechtsphilosophie im Wandel
Stationen eines Weges
Von Prof. Dr. Dr. h. c. Arthur Kaufmann
2., überarbeitete Auflage
1984. XVI, 280 Seiten. Leinen DM 98,–
ISBN 3-452-19687-9

Beiträge zur Juristischen Hermeneutik
sowie weitere rechtsphilosophische Abhandlungen
Von Prof. Dr. Dr. h. c. Arthur Kaufmann
1984. XII, 260 Seiten. Leinen DM 93,–
ISBN 3-452-19801-4

Carl Heymanns Verlag

Der Beweisantrag im Strafprozeß

Begründet von Prof. Dr. Max Alsberg
Fortgeführt von Dr. Karl-Heinz Nüse
5., völlig neubearbeitete und erweiterte Auflage
Von Karlheinz Meyer
1983. XXIII, 979 Seiten. Leinen DM 238,–
ISBN 3-452-19317-9

Strafzumessungsrecht

Gesamtdarstellung

Von Prof. Dr. Hans-Jürgen Bruns
2., neubearbeitete und erweiterte Auflage
1974. XXXV, 751 Seiten. Leinen DM 186,–
ISBN 3-452-17493-X

Internationales Strafrecht

Geltungsbereich des Strafrechts. Internationales Rechtshilferecht. Recht der Gemeinschaften. Völkerstrafrecht

Von Prof. Dr. Dietrich Oehler
2., völlig neubearbeitete und erweiterte Auflage
1983. XXX, 689 Seiten. Leinen DM 320,–
ISBN 3-452-19312-8

Das Strafverfahren

Von Prof. Dr. Ellen Schlüchter
2., überarbeitete und ergänzte Auflage
1983. 987 Seiten. Leinen DM 109,–
ISBN 3-452-19471-X

Carl Heymanns Verlag